どうしよう!
我が家の塗り替え

「塗伝心」で失敗しない、
家も家族も変わるリフォーム

ウイングビルド代表親方
若林 均 著

ねえお父さん、
ウチが
お化け屋敷って
呼ばれてるん
だけど・・・
え
ええ!?
壁が怖い
らしいよ
どよーん...
たしかに築12年・・・
ずいぶんボロボロに
なったわね・・・
ううっ・・・
お化け屋敷だ
なんて・・・
ヒドいよ～
ぐすっ
ペイントリフォーム
でもしてみる？
う～ん...
なるほど！
外壁と屋根さえ
綺麗になればね～
やって
トウンページ
とりあえず3社に
見積もりを依頼することに
はい、はい。
外壁と屋根
をですね～

A工務店　見積もり80万円
ボサ
ボサ
この金額でやれるのはウチだけですよ～
見積もり 80万円ポッキリ!!
…
思ったより安いけど、あの人の服装・・・
イヤだっどうしても
ボッサ～
ヨレ
ヨレ
B塗装店　見積もり200万円
このままでは壁が崩れますよっ！
ギャア
ヒェエエ
これっ！このヒビが危ないんです！
ココッ!!
ギャア
ヒエェ～！崩れるなんてイヤだ～！
怖いよ～
1社目では何も言われなかったじゃん
とりあえず3社目…
Cペイント店　見積もり120万円
ウチは 安くて早いんですよ～
工期は通常の半分でイイんです！
120万円
スラスラ
スラスラ
悪くなさそうじゃん♡
え～、工期が半分ってどうなの？

う〜ん、どの会社を選べばいいのかしら
見積もり額も内訳もバラバラ…
塗装のことでお困りのようですね！
誰!?
はじめまして、ウイングビルド代表親方若林 均です！
まじめな職人の世界を営業本位の会社から守るため、業界の本音を皆さんに知ってもらおうとやって来ました！
ウイングビルド
若林
決まった…!!
見積もり書の内容がバラバラで、塗装業者を決められないんです・・・
見積もり書の金額や内訳も大切ですが、まずは業者選びの３ポイントを教えましょう！
３つ！

ポイント1　担当者を知る
1、見た目（第一印象）
2、話し方
（塗り替えの専門知識、
話の分かりやすさ）
3、雰囲気
（話を聞いてくれるか、
仕事への考え方、気軽さ）
ハキ
ハキ
資料
※モジモジ系でも
誠実な営業さんは多い
ポイント2　職人さんを知る
大切なご自宅を
実際に任せる
職人さんのこと
を説明してもらい
ましょう
せっせ
せっせ
無口だけど腕は
確かですよ！
ポイント3　施工済みのお宅を知る
施工宅に直接行くか、
お客様の声（感想）を
見せてもらいましょう
フムフム
まずはこの
3つ!!
なんとなくは
分かったけど
まだ不安だわ
うーん
それではお二人を
もっとディープな
塗装リフォームの
世界にお連れ
しましょう！
塗装リフォーム界
おぉっ

はじめに

塗装・リフォームで失敗しないために

ペイント（塗装）による住宅リフォームが大ブームです。

そもそも塗装・リフォームは、冒頭のマンガのように、「お化け屋敷のようにボロボロになった」からといった、「老朽化」をきっかけに考える人が多いのは事実ですが、塗装・リフォームの目的はそれだけではありません。

この本を手にとってくれたあなたも、たぶん、新築当時はあんなに鮮やかだったマイホームの外壁の色が、カビが生えたりして汚れてきたりくすんできた、また屋根の塗装が剥がれ雨漏りがしてきた、などという悩みから、「そろそろリフォームをしようかな」とお考えなのではないかと思います。

しかし、「必要のないリフォームを薦められた」、「法外な値段で工事の契約を結ばされた」、あるいは「工事後すぐに不良箇所が見つかった」、「手抜き工事だった」など、悪質業者による被害も、塗装・リフォーム工事件数の増加にともなって増えてきているようです。

また、当然のことながら、塗装・リフォームについての知識がないために、業者の言いなりになって失敗する人が 後を絶たないとも言われています。

塗り替えは、決して安い買物ではありません。

皆様の大切なお金を使って、想い出いっぱいの大切な我が家を甦らせる一大事業です。できることなら事前にしっかりと依頼する会社の確認をお勧めしていますし、満足のいく結果をだしていただきたいのです。

地元密着でやってきた「職人専門店」として

私は、神奈川県綾瀬市を拠点に、塗装・リフォームの専門業者として「ウイングビルド」という会社を経営しています。

一〇代で建築業界に入って、二四歳で会社を起ち上げ、地元で営業を開始して以来二四年を超えました。私たちウイングビルドは、地元に密着した「職人専門店」です。したがって地元の方々の評判が何よりの地元の会社です。それゆえ、私たちはお客様の意思を最大限に尊重し、お客様本位の塗装・リフォームをすることを使命と考えています。塗装・リフォームというのは、決められた塗料を決められた手順で塗るという比較的標準化しやすい仕事ですが、それでもその工事費などの見積もりは業者によってマチマチで、相場が分からないというお客様の声を聞くことがあります。何年か前に塗り替えた塗装がその下処理が悪いために、二、三年後になって、本来の持つはずの年数以下で塗装が剥がれ、故意の手抜き工事かあるいは業者のミスが発覚するなどということがあります。施工後すぐに不良がわからないというのが、リフォーム業界の問題でもあり、アフターフォローや保証をしない業者など、言わば売り逃げに近い悪徳業者が存在するのも事実です。

私たちの会社は、自分たちも住み仕事をしている地元で事業をいとなんでいます。あくまでも地元密着ですので、そんな手抜きや売り逃げ的行為をしたら、たちまち評判を落とし、営業していけなくなるばかりか、地元に住むこともできなくなってしまいます。

私は、お客様に不信感を抱かれるということは最も辛いことだと思っています。私たちには、これまで長年地元で誠実に仕事をしてきた信用があり、また職人としての意地やメンツもあります。それだけに、仕事を取るためだけに、口先だけ良いことを並べるような、そんな会社が許せないのです。

塗装・リフォームの現場、お客さまの知りたいことのすべてを

私は、情報開示が不透明な塗装・リフォーム業界で、職人主体による一般社団法人「日本建築匠士会《たくみしかい》」を志を同じくする建設業界に働く仲間とともに立ち上げました。

現在のところ、まだ神奈川県内にとどまっていますが、業界を正常化しようとする同業者、建築・リフォーム業者のネットワークを広げていきたいと思っています。そこでは、お客様からの問い合わせや相談に応じて、適正で正確な建築・リフォームの良い会社や業者を紹介できるような仕組みを作り上げていきたいと考えているのです。

本書は、業界の未来を見据えて、今まで表に出てこなかったこの業界の裏の話を含め、初めてリフォームに取り組もうとしている人にも分かりやすく、ペイント（塗装）リフォームの入門書となるようなものを書こうと努力しました。業者側が教えたがらない、「知っていれば失敗しない」ためのノウハウや知識、わかりにくかった塗装・リフォーム業界と現場作業、そしてお客さまの知りたいことのすべてを、この一冊にまとめてみました。

塗装・リフォームをお考えの皆様、そして業界の近代化を進めようとしている同業の皆さんの参考となれば、幸いです。

株式会社ウイングビルド　代表親方　代表取締役
日本建築匠士会　代表理事

若林　均

第1章

なぜ、塗装リフォームで
お客様は騙されてしまうのか？

1、お客様にわかりにくいリフォーム市場の課題

家のリフォーム、とくに外壁等の塗り替えは、外観の見映えを良くするというだけでなく、大切なマイホームをメンテナンスして長持ちさせるということが最大の目的です。

その塗装リフォームに踏み切るにあたって、お客様の願いは、「腕が良くて、安心できて、しかも適正価格でお願いできる良い業者にめぐり逢いたい」ということだと思います。

塗り替えは、決して安い買物ではありません。愛する家族が暮らす大切な我が家を甦らせる一大事業ですから、失敗は許されません。

塗装工事は、常備品や完成された製品または価格相場が決まっているサービス品の購入などと異なり、聞き慣れない材料や工法、場所ごとに異なる工事工程、業者によってまちまちな価格など、「何が的確でどこが適正なのか」といった基準があまりにも曖昧で理解しにくいものとなっていると思います。

そのため、そろそろ「塗り替え時期かな?」と思っても、「どこに頼んだら良いのだろう?」、「ど

んな材料でどのような工事になるのだろう?」、「価格はいくらくらいになるのだろう……」と多くの疑問が浮かぶことでしょう。

●信頼できる業者選定に必要な情報がない
●この見積書（金額）信用できるの？
●ちゃんとした工事してくれるの？
●もっと便利なリフォームローンはないの？
●木造の分かる職人さん高齢化、減少！
?

2、悪徳リフォーム被害の七七パーセントは訪問販売

ながびく景気の低迷と消費者の建て替えや新築志向からの転換が進み、中古住宅を修復、リフォームしながら長持ちさせようという人が増えてきたことで、そこにつけこんだ大規模なリフォーム被害も目立つようになってきました。

最近の悪質リフォームの被害は、朝日新聞などの報道によれば、その被害の七七パーセントは、訪問販売によるものだとされています。とくに、残念なことですが、私と同業者の塗装・リフォームの訪問販売による被害が多いとも言われています。

リフォーム業は、業者登録制度などもないことから、参入し易い業界ということもあり、建築や塗装の知識や経験がほとんど無いにもかかわらず、いかにもまともな工務店ヅラをした悪徳業者が少なくないということも事実です。そうした業者は飛び込み営業などの訪問販売で、「このままでは家が壊れてしまいますよ」などと、大げさに危機感をあおって、消費者・発注者が、リフォームの内容を確認する余地を与えずに、なかば押し売り的に受注して、手付金をその場で支払わせ、さらに請負金額を早期に回収しようとする傾向があります。

3、顔と価格と技術が見える地元応援専門店ネットワークの登場

私自身は、この塗装リフォーム業界に入って、二〇年以上にわたって現場の職人を経験し、自らの会社ウイングビルドを創業しましたが、リフォーム業界にまん延する悪質業者の手口も数多く見てきました。また、リフォーム業界は、大手の住宅メーカーからリフォーム会社、地元の工務店、さらに町場の塗装業者に至るまで、さまざまな立場の業者が参入しているので、一般の方にはたいへんわかりにくいということもあります。

私たちはまだ小さな一塗装リフォーム業者に過ぎない会社ですが、そんな業界の現状を打開して、お客様に信頼され、自らも誇りを持って仕事に取り組めるような業界にすること、そしてなによりも「地元で腕が良くて安心できて、適正価格で依頼できる良い業者に巡り合いたい」というお客様の願いに応えるための組織づくりが必要と考えたのです。その思いを実現したのが、一般社団法人「日本建築匠《たくみ》士会《しかい》」です。二〇一一年三月に神奈川県内の専門リフォーム会社四社と経営コンサルタント会社一社、そしてソフト開発会社の代表ら有志によって設立したのです。自らが専門職人として、長年にわたり建築工事現場に従事してきた代表親方が、アライアンス(連携・同盟)を組むことで、地

域のお客様に対して、自社の専門工事はもとより、すべての工事種別に関しても、理念と想いを同じにした仲間を紹介することができ、お客様には、より高い技術と安心をご提供できるシステムを実現しました。

まずは、神奈川県内からスタートさせ、将来的には、全国の有志達とのアライアンスにより活動範囲を拡大していこうと計画しています。

ここでの活動を深めていくなかで、それまで以上にこの業界の実態や市場のリアルな姿、そして抱えている問題点が徐々に見えてくるようになりました。

では、簡単に塗装リフォームをしようとするときのお客様の行動や動機を解説してみましょう。

4、リフォームの動機はなんですか?

皆さんがリフォームをしようと思う時は、どんな動機からスタートするのでしょうか。なぜ、動機が大事なのかといいますと、リフォームを依頼する段階で、何をしたいのかということが明確な人は、リフォームの業者選びや方法に迷いがないため、飛び込みの営業マンや訪問販売のワナにかかることは少ないからです。

日経BPコンサルティングが行ったインターネット調査（二〇一〇年）に、興味深い調査結果が出ています。

同調査によれば、リフォーム経験者の動機としての第一位は、「老朽化していた」というものです。全体の約六〇パーセントで断トツです。その他には、「生活の質を上げたかった」が一五・七パーセントで続きます。いわば当然の結果ともいえるものですが、新築から一〇年二〇年とたつうちに、冒頭のマンガで紹介したような、「近所から幽霊屋敷と呼ばれている」なんていうのは極端にしても、外壁は風雨にさらされて汚れが目立つようになり、下水管や水道などの水回りも一〇年以内に配管を交換しなければならなくなるのが通常です。外壁や屋根などの塗り替えは、単に汚れてしまったからというだけでなく、水漏れを防ぎ、外壁自体の持ちを良くするために必要な工事です。

リフォームの動機

リフォーム経験者のリフォームの動機としては、老朽化が約60%、生活の質の向上が約35%であった。

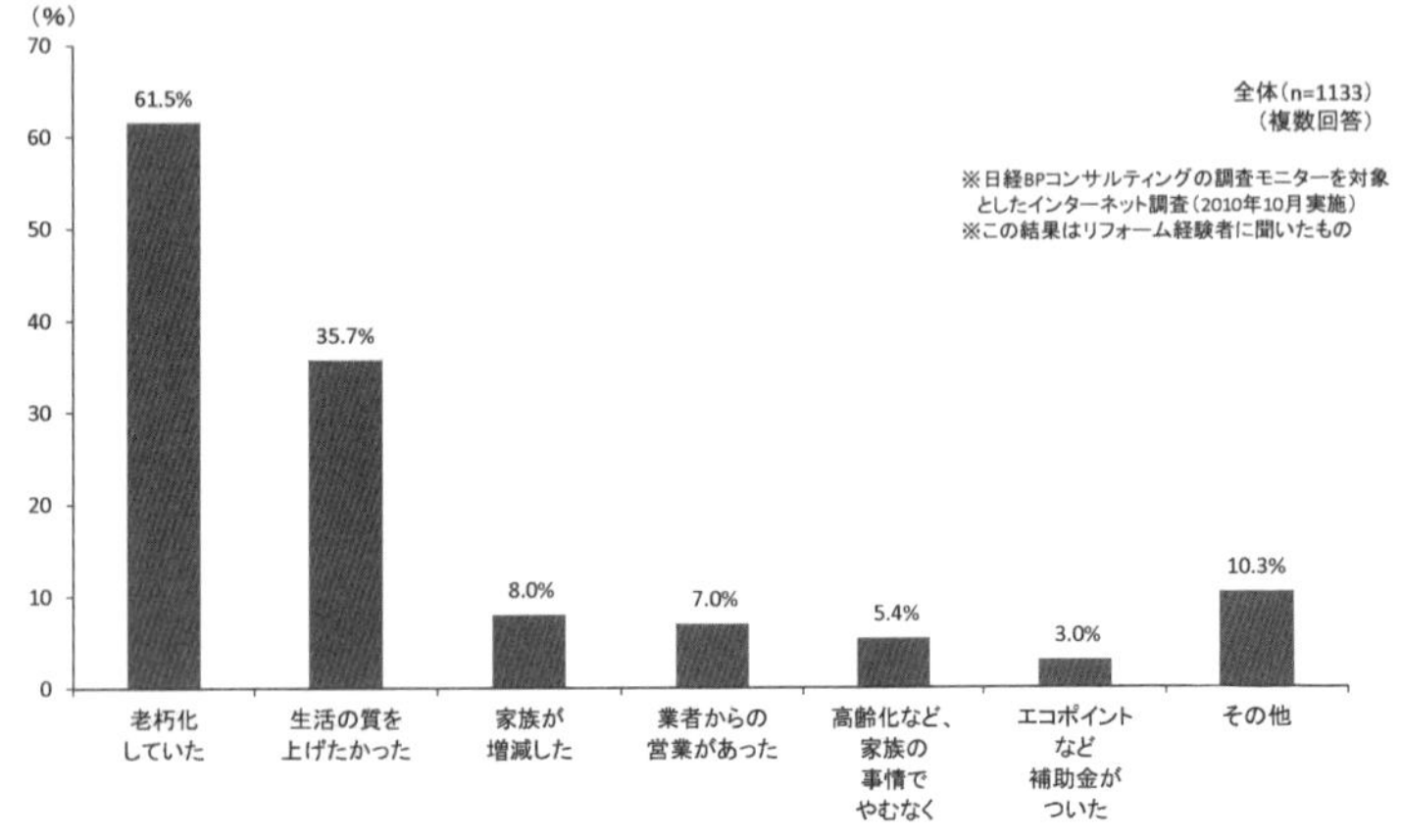

資料①(日経BPコンサルティング調査より)

5、リフォーム検討時の情報源は?

では、リフォームを考え始めたときに、どんな人や会社に相談したのか、参考とした情報をどのような方法で集めたのかという調査もあります。

ここで一番多いのが、三割近くの人が「友人や知人、親戚の口コミ」というものでした。ここ数年、新築の需要が減る傾向にあり、さまざまな会社がリフォーム業界に参入して、リフォーム業界は大企業から小さな地元の工務店まで林立して、おのおのがポスティングのチラシや新聞折り込みなどで盛んに宣伝しています。それだけ会社や業者が多いと、どこに相談したらいいのか迷うのは当然と言えるでしょう。また、リフォームは、すぐに故障個所を点検したり修繕もしてくれる、なるべくなら地元の業者がいいということも言えますので、信頼できる業者選びには、「友人・知人・親戚」らの口コミが一位というのはうなずけます。その上で、気になった「業者のホームページ」を確認したり、「展示場、ショールーム」ということのようです。そしてチラシというのも大きな選択肢のひとつであることも見逃せません。知人や友人が近くにいない場合には、新聞などのチラシなどに頼る以外にないということなのかもしれません。

チラシなどによって、良い信頼できる業者と出会うということもありますが、チラシの中にその業者の理念や工事の進め方などをキチンとチェックすることが必要になります。この調査で、いちばん気になるのは、最後の「特に利用していない」というのが二二パーセントもあるということです。これでは、悪質業者を見抜くことは到底できないばかりか、リフォームの失敗を招いてしまうこと必至です。

6、リフォーム検討時の相談問い合わせ先、依頼先は?

同様の調査によるとリフォーム検討時の相談先についての調査を見てみると、やはり、①「地元密着の工務店」が最も多く約四割です。次いで、②「リフォーム専業会社」、③「大工・職人」、④「ハウスメーカー」⑤「住宅設備メーカー」となっています。リフォーム・修繕の主要な目的が電気まわり、ガスや水まわり、トイレなどにある場合には、電力会社やガス会社などに相談、依頼ということもあります。ここに見たように一口にリフォームといっても、その目的や修繕箇所によっても、各種の業者、会社があることがおわかりいただけると思います。

結果的に、リフォームの依頼先も、図のように、①「地元密着の工務店」②「リフォーム専業会社」③「大工・職人」の順位に変わりはありません。実は、②の「リフォーム専業会社」が最もトラブルをおこしているのですが、これは2章以下で詳述します。ほぼ七割の人が最初に問い合わせた業者に、工事の発注をしてしまっているということです。これは、一度見てもらって見積もりなどを出してもらったり、紹介してくれた友人や知人の手前その顔をつぶすようなことはできないとばかり、相談した先にそのまま発注してしまうという傾向があるということです。義理や人情を大事にする日本人の美徳を、良くも悪くも利用して、無理やり受注しているという実態ですね。いまや、病院などでもセカンドオピニオンを求めることが権利とされている時代です。命の次に大切ともいえるマイホームです。日本的なメンタリティによって、不本意な工事の発注は、厳に戒めたいものです。見積もりを検討して納得いくまで事前に検討するのが、失敗しないリフォームの第一歩なのです。

リフォームの依頼先

リフォーム経験者に対して、リフォームの依頼先について聞いたところ、「地元密着の工務店」が最も多く約3割、次いで、「リフォーム専業会社」、「大工・職人」「ハウスメーカー」「住宅設備メーカー」であった。

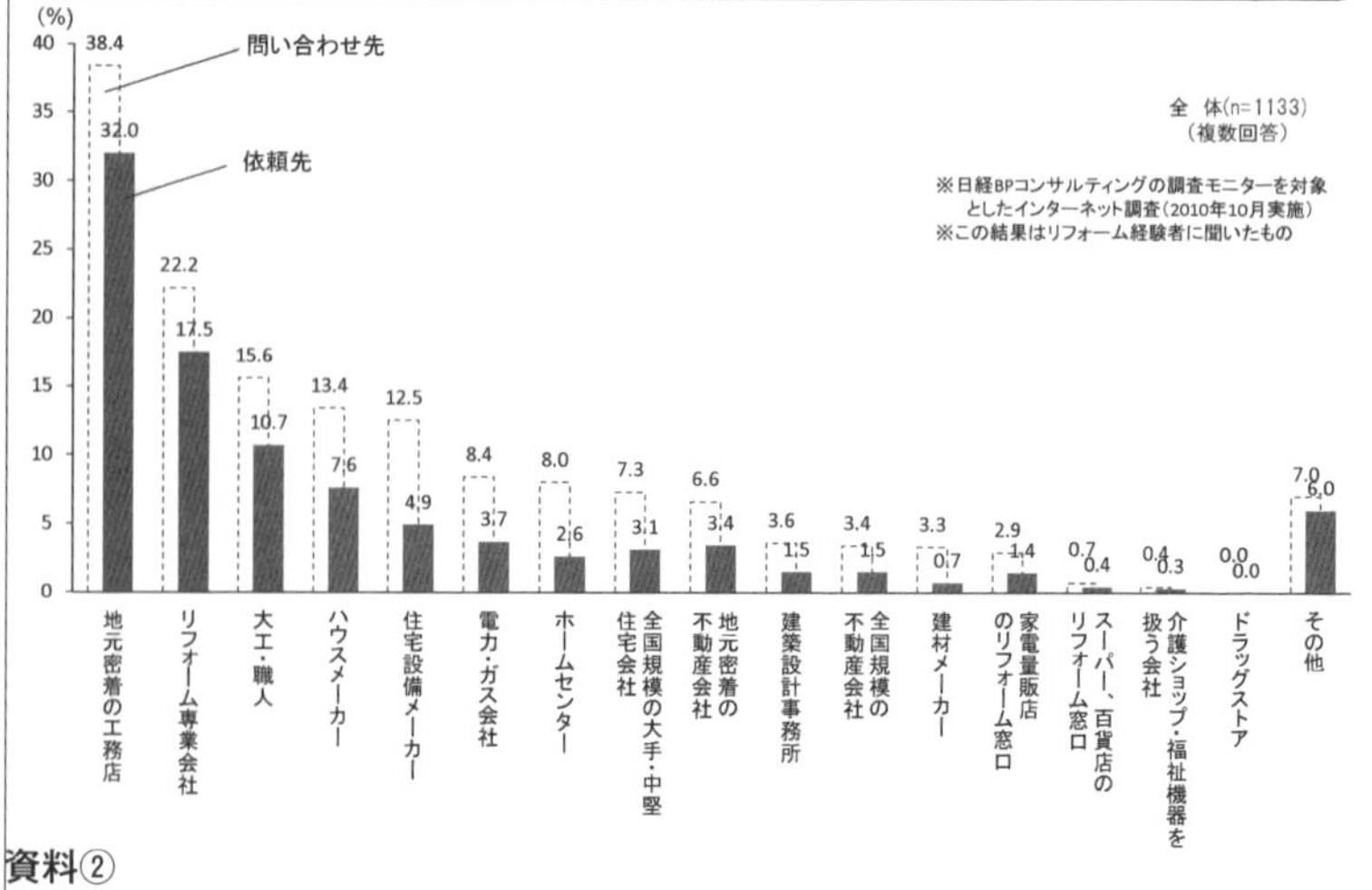

資料②

7. リフォーム業者選定時の重視する点

図は、リフォーム予定の有無に関わらず、今後リフォームする際に重視する点を聞いたものです。第一位は「価格の透明性・明朗さ」が三九パーセント強、第二位に「説明のわかりやすさ・丁寧さ」が三三パーセント強、次いで「価格の安さ」が三一パーセント強となっています。

お客様の心理として、価格に関連する点が、業者選定の大きな要素になっているということがわかります。場合によっては百万円近くもかかるリフォーム工事ですから、少しでも安く、効果的な工事をしたいという願いは当然のことといえるでしょう。

私たちの会社に相談に来るお客さんのほとんどは、五十代から六十代で、二回目のリフォームを依頼する方が多いようです。それも、一度目のリフォームに失敗してやってこられる方が少なくありません。

リフォームの目的は、建物の老朽化で手入れが必要になった、内装やデザインに飽きがきた、トイレや風呂、キッチンなどの設備が古くなって新しくしたい、子どもが成長して子ども部屋を増設したい、子どもが成長して家を出て行って夫婦二人が過ごしやすいようにしたい、バリアフリーにしたい等々、さまざまです。

いずれにしても、自分たちがどんなリフォームをしたいのかを明確にして、その方法について業者に相談するということが重要です。業者に言われるままに、あれもこれもと積み増していくようなことになると、予算をオーバーしてしまったり、そんなはずではなかったというトラブルの原因になってしまいます。ある意味で、施主であるお客様が主体性をもっていなければ、「お客様の無知」を利用したトラブルを招く原因になってしまうのです。

リフォーム業者の選定時の重視点

リフォーム経験者の業者選びの際の重視点は、「価格の透明性・明朗さ」が最も高く約4割、次いで、「説明のわかりやすさ・丁寧さ」「価格の安さ」が挙げられている。また、「接客対応の態度のよさ」も約2割が挙げている。

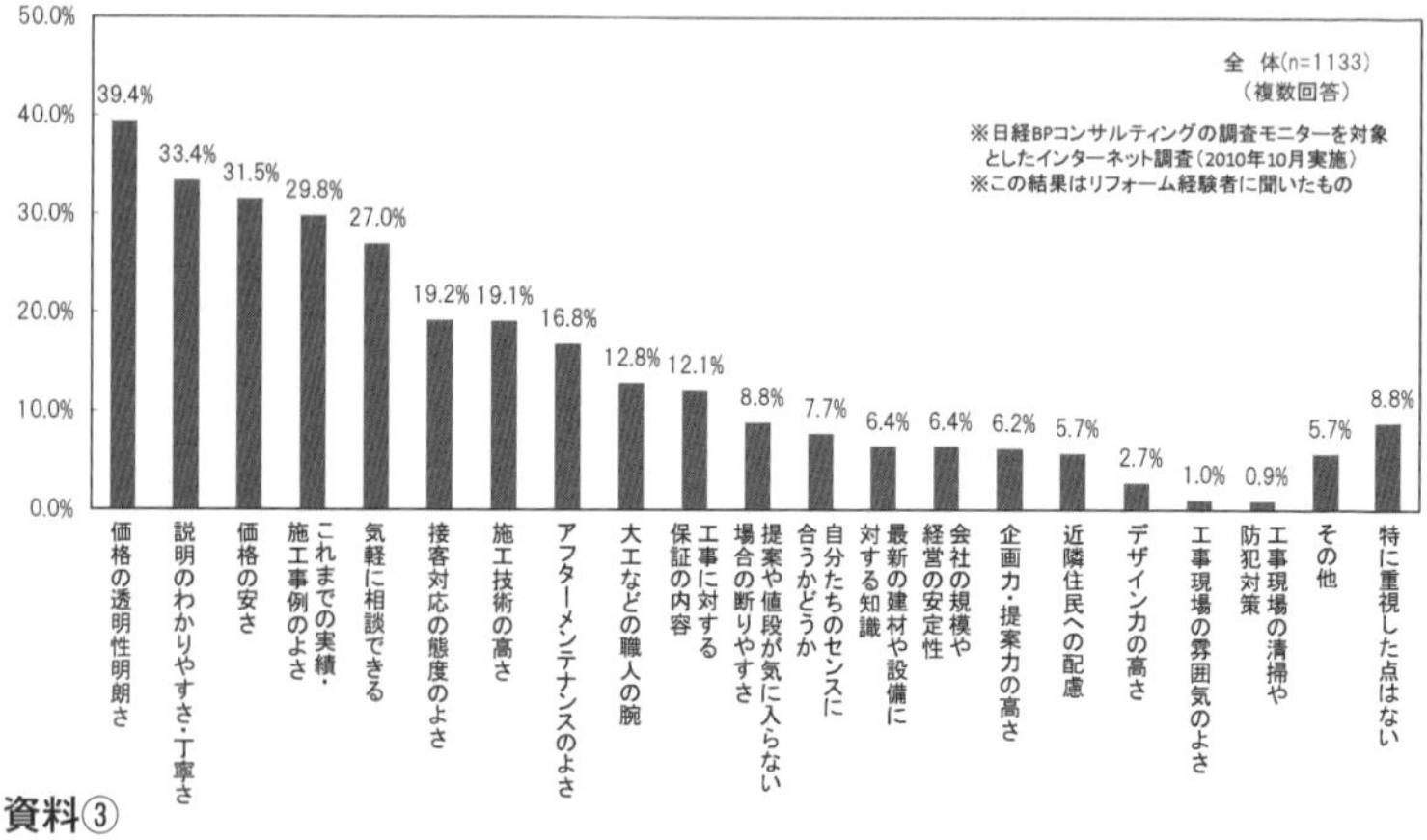

資料③

8、リフォーム工事の対象部位をご存知ですか？

リフォームの目的に関連する、その対象部位はどんなところが多いのでしょうか。

これもアンケートの集計から見てみると、やはり圧倒的に、「浴室」、「キッチン」、「トイレ」、「給湯器」、「洗面所」などの、いわゆる水まわりです。各々二割近くの件数に上ります。そしてその次に続くのが、「外壁」、「屋根・雨どい」などの外まわり、外壁塗装となっています。それに「子ども部屋」や「間取りの変更」などとなっています。

リフォーム工事の対象部位

持ち家居住者にリフォーム工事の対象部位を聞いたもの。約半数がリフォーム工事経験者であり、浴室やキッチン、トイレ等の水廻りが上位を占めた。

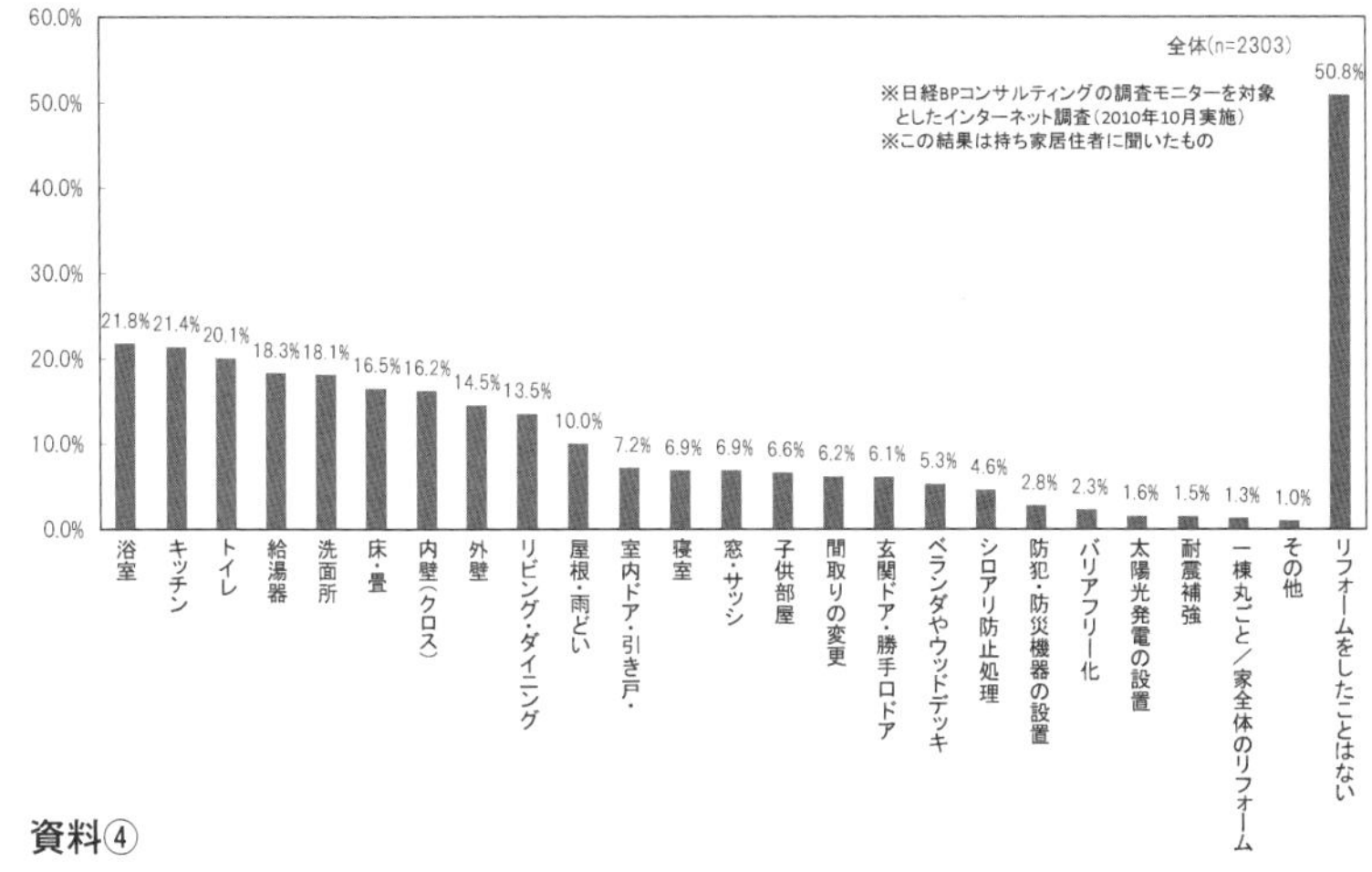

資料④

したがって、リフォームの対象としては、外壁塗装などは、もっとも一般的なリフォームということがいえるでしょう。

9、リフォームのための改善すべきポイントとは?

リフォーム経験者の多くが、リフォームについての不満や不安を抱えています。今後「リフォームを行いやすくするための改善すべき項目」というアンケートを見てみましょう。リフォームを実施、検討するうえで必要な制度や仕組みについての意見をまとめたものですが、第一位は、七割強の断トツで「何か問題があったときに保証してくれる制度」となっています。現在の状況では、リフォームにあたっては、国の保証制度はありません。

しかし、平成二二年にリフォーム市場の環境整備についての閣議決定がなされ、二〇二〇年までに（当時）六兆円のリフォーム市場を十二兆円規模に増やし、中古住宅市場を四兆円から八兆円に、合計で二十兆円規模の市場に拡大する方針を決定しました。当時は民主党政権でしたが、この方針は現在の自民党政権にも引き継がれています。そのなかでは、「消費者・生活者視点での環境整備」、「安心して中古住宅を購入でき、上質なリフォームができる市場環境の整備」、「中古住宅・リフォームを提供する担い手の人材育成の強化」などが謳われています。

アンケートの第二位にある「信頼できる事業者を選択できるサイトの強化」の他「信頼のおけるところが運営する相談窓口がある」などが上位にありますが、こうした要望や不安に応えようというのが、私たちのウイングビルドです。各業種で「匠」として活躍している人のネットワークをつくり、リフォームへの疑問や問題を解決するべく「日本建築匠士会」を組織し、微力ながら、こうした出版活動でも、消費者の皆様への情報提供を行っているのです。

リフォームを行いやすくするための改善すべき項目

今後、リフォームを行いやすくするための改善すべき項目について、聞いたもの。保証が最も多く7割以上、次いで事業者選択サイトや支援制度があげられている。

今後リフォームを実施・検討するうえで必要な制度、仕組み

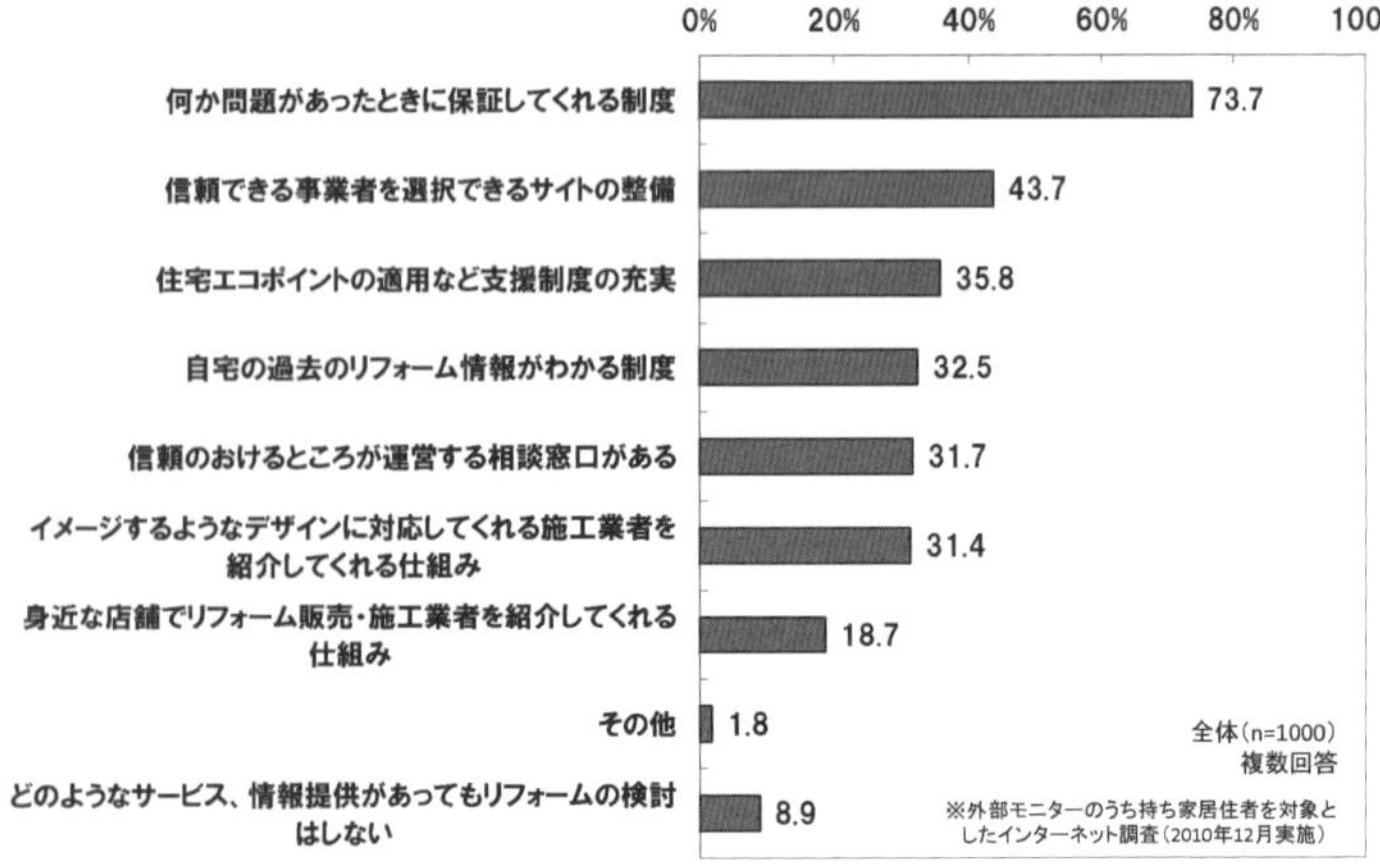

資料⑤

10、リフォーム工事には、メリットとデメリットがあります

では、リフォームのメリット、そしてデメリットを考えてみます。

リフォーム経験者に聞いたリフォームして良かった点は、複数回答ですが、「きれいになった」が最も多く約五五パーセント。次いで「快適になった」が約五一パーセント、「生活しやすくなった」が四五パーセント、「気分が明るくなった」が二四パーセントなどとなっています。当然のことですが、リフォームして良かったという積極的な回答です。

しかし、一方で、デメリットを見てみると、「希望通りの仕上がりにならなかった」が最も多く約一三パーセント、そして、「後から不具合が生じた」が約一〇パーセントもありました。そのほかにも「工事回数が長く生活が不便だった」、「追加費用が発生し、予算をオーバーした」などの回答もあります。ここには、リフォーム工事に関する不満、疑念がにじんでいます。工事が成功した場合には、こうした感想は出てきませんが、リフォーム工事全体では一割から二割、あるいはそれ以上の問題が生じていると推測できます。

リフォームは、長くその家に住み、またはきれいにして貸し出すとしても、一定の時期になると、必ず必要になってくるものです。

そしてリフォームが思い通りのものになっていなかったという仕上がりのギャップなど、ここでの不満の主たるものは、つまるところ、「良い業者選び」につきるといえます。言葉巧みに良いことしか言わない業者や、見積もりをとってただ安いというだけで選ぶと、思わぬ落とし穴が待っているということもあるのです。

リフォーム工事のメリットとデメリット

リフォーム経験者に聞いたリフォームして良かった点は、「きれいになった」が最も多く約55%、次いで「快適になった」が約51%、「生活しやすくなった」や約46%であった。

一方、リフォームして良くなかった点は、「希望通りの仕上がりにならなかった」が最も多く約13%、次いで「後から不具合が生じた」が約10%、「工事日数が長く生活が不便だった」「追加費用が発生し、予算をオーバーした」が約8%であった。

●リフォーム工事のメリット

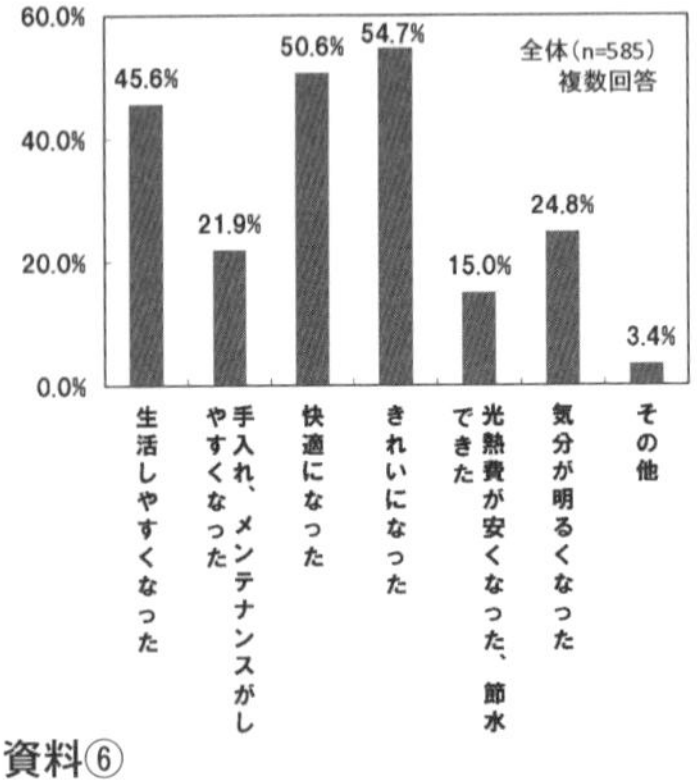

●リフォーム工事のデメリット

※日経BPコンサルティングの調査モニターのうち持ち家のリフォーム経験者を対象としたインターネット調査（2010年12月実施）

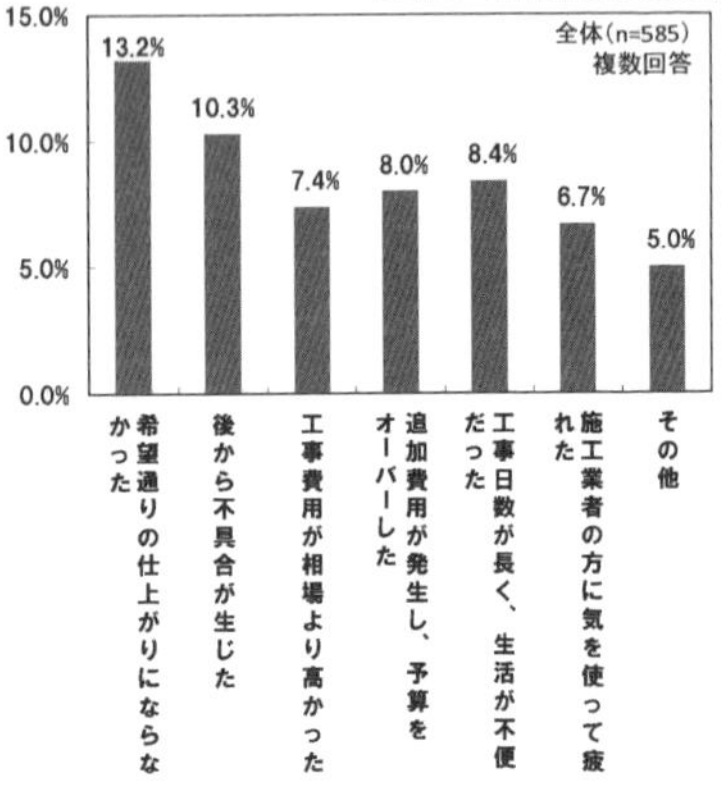

資料⑥

第2章

塗り替えで失敗しない業者選び
「塗装業界の非常識」業界の裏話

11、再び急増中の悪質リフォーム問題

リフォーム被害が多いのは、前章でも触れましたが、訪問販売業者などとの契約によるものが七七パーセントです。こうした悪質な訪問販売によるリフォーム工事での被害が後を絶ちません。

こうした訪問販売では、「一度契約すると、同じ業者や別の業者から次々と不要な工事の契約を迫られた」とか、「一度断っても何度も来て、しつこく契約を迫られた」、「無料で耐震診断しますと言いながら、補修、修繕しないと地震のときに倒れてしまう」などと危機感を煽ったり、長時間居座って、「今契約すると半額だが、明日なら通常価格になってしまう」などと強引に法外な値段での契約を迫ってくるという悪質な業者もいます。

訪問販売業者の営業でやってくる人は、実際に工事を担当するわけではないので、建築やリフォームの知識や経験がほとんどない素人がほとんどです。契約が取れればそれで良いというスタンスで、あとは提携の工務店などに丸投げというわけです。適切な建物の診断ができるわけでもないので、見当違いなリフォーム工事をさせられる羽目になってしまいます。目先の売り上げ優先の営業ですから、関係のない工事まで無理やりにすすめ、思いがけない高額のリフォーム工事になってしまったなどという例が多いのです。

くれぐれも、こうした訪問販売の悪質業者にひっかからないように注意してください。

もし万一、こうした訪問販売業者と契約してしまった場合には、八日以内なら、ハガキや封書などで契約の解除（クーリング・オフ）ができますので、こわがらずに行動することです。

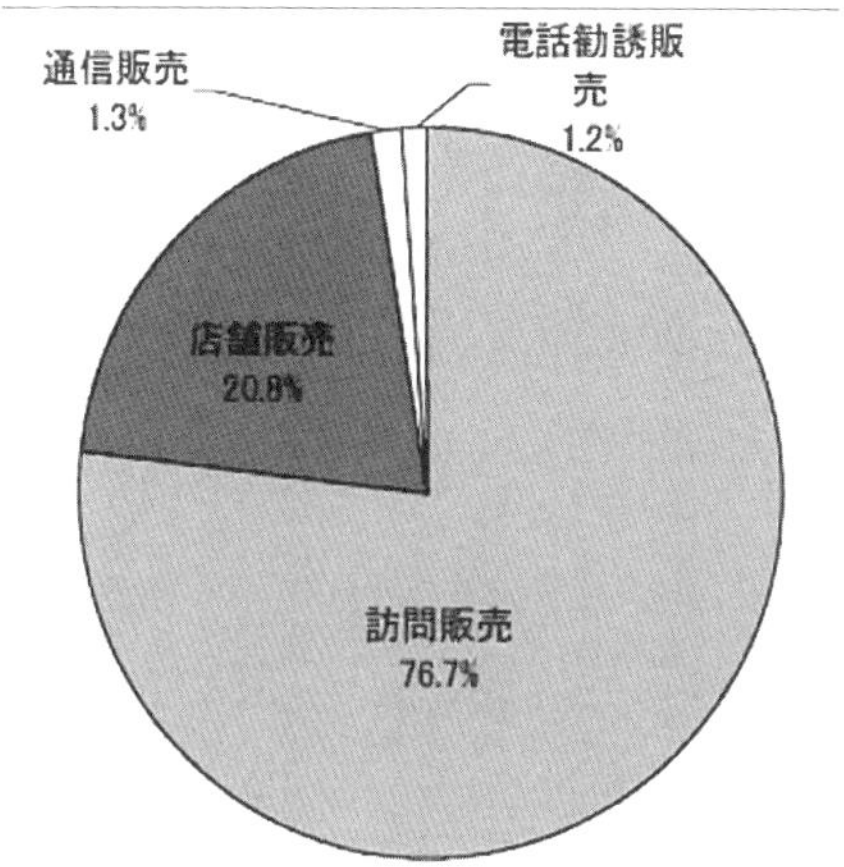

増加の一途！

年度	2008	2009	2010	2011	2012	2013
相談件数	5318	5777	6054	6396	6421	634(前年同期 575)

※相談件数は 2013 年 5 月 31 日現在

資料⑦（独立行政法人国民生活センター調査より）

12、塗装業界に悪質業者が多いのには理由があります

前章でも触れましたが、リフォームのなかでも、塗装業界、リフォーム専業会社に悪質業者が多いとも言われます。私と同業者のなかにそうした顧客の信頼を裏切る業者が多いのはとても残念なことですが、なぜそのような業者がはびこるのでしょう。

外壁などの塗装は、本来一〇年以上持つはずの塗装が、塗装工事から数年、ひどい場合には数カ月で剥がれてしまったなどということがあります。これは塗装前の洗浄が不十分だったり、質の悪い安い塗料を使ったなど、さまざまな理由が考えられますが、塗装した直後には、一般の人にはそれが手抜き工事だということを見破るのはとても難しいということがあります。

そしてまた、塗装工事の手抜きはいくらでもできてしまうのです。一〇〇万円支払っても、実際は五〇万円の価値しかない工事だったりします。

「塗装工事には定価がない」とも言われます。

一〇〇㎡で一〇〇万円などと、適当な基準で見積もられても、それが高いのか、安いのかという判断が、一般の人にはできません。

しかし、定価がないとはいうものの、相場というものはあります。

それが相場に照らして高いか、安いかを見極める必要があります。

工事の相場は、①ペンキなどの塗装材料費 ②人件費（職人の日当など） ③利益（会社の営業費、手数料）で相場は決まります。

こうした悪質業者の見積もりに対して、みなさんが適切な判断ができないのは、やはり塗料や塗装工事の事についての知識がないからです。

そこにつけこまれ悪質業者の言いなりになってしまい、結果として知らないところで手抜きをされてしまうのです。

13、悪質業者が使う代表的な手口の内容

☆**契約を急がせる！**

口約束で工事を決めようとしたり、「ただいまキャンペーン中で、本日契約してくだされば、大幅に割引します」など契約を急がせる業者には注意が必要です

☆**不安を煽る勧誘をする！**

「このままだと大変な事になる」「今すぐ工事しないと取り返しのつかない事になる」など、必要以上に不安を煽ってきます。

☆**長過ぎる耐久年数を提示してくる！**

塗料は最も長い耐久性のあるものでも二〇年です。にもかかわらず、「三〇年持ちます」などの耐久年数を大げさに言ってくる業者を信用してはいけません。

☆**あり得ない値引きをしてくる！**

「ホームページ掲載やモデル工事をさせていただいたら特別価格で半額にします」や、「足場代をサービスします」など、過度な割引やサービスには注意が必要です。

14、「塗装業界の非常識」裏話

塗装・リフォーム業界には、次のような詐欺師まがいの営業マンが横行しています。

営業マンの実際の話をここで紹介しましょう。

「今、何人かの見込みを持っているから、お宅で雇ってくれませんか？」

とリフォーム会社に面接に行きます。見込みとはこれから契約してもらえそうな「見込み客」のことです。

どこの「塗り替え・リフォーム」業者も、新規の見込み客探しに必死になっていますので、見込み客を持って来てくれる営業マンは大歓迎です。しかし、その営業マンの目的は、「営業マンとしての固定給を貰うことだけ」だったりします。営業に出て会社に帰るたびに、「いやぁ今日はダメでした。また明日頑張ります！」とか、「また次の見込みがあるから大丈夫です」とか、調子のいい事を言います。

そして、その営業マンは、毎日毎日頑張っている姿を見せるのですが、一向に仕事を取ってきません。

しかし、やる気があるので、二カ月ほどは、その会社で面倒をみてもらえます。

ではなぜその営業マンは、仕事を取って来ないのでしょうか？

それは、取れた契約を会社に入れるのではなく、自分で直接、知り合いの業者や、職人に仕事を出している（横流し）からなのです。

◆横流し営業マン
◆固定給泥棒営業マン
◆他の会社の名刺を勝手に作って営業する営業マン
◆自分の見込み客を同業他社に売って稼ぐ「情報提供」営業マン

これらは、建築リフォームのなかでも、塗装の営業は完全歩合制の場合が多く、その歩合は、一軒の塗装を契約すると平均一五～三五万円と言われますから、月に一〇件以上契約すれば一五〇万～三五〇万円の報酬を得ることができるわけです。他業種の営業だった人でもこの歩合の良さに即席の営業マンに転職してきます。

こうした塗装・リフォーム業界の慣習や営業の手法によって、実際の塗装・リフォームの知識も経験もない営業マンの口車に乗せられて、安易な工事が行われクレームが跡を絶たないことになるのです。

悲しいかな、こんな現実がまだまだ起こっている業界なのです。

また、塗装リフォームを発注するのは、あなたならどんな業者を選びますか。

①塗装業者：「○○塗装店」
②塗料メーカー：「○○ペイント」
③リフォーム会社：「○○リフォーム」
④住宅会社：「○○工務店」

これらに加えて、「直接俺に発注すれば、会社に出すより安くできるよ」などという職人さんもいたりします。

このいずれも、すべて塗装リフォームをやっていますから、業態だけでは、なかなかどの業者を選ぶのかは難しい問題です。

15、ほとんどの人が入り込んでしまう 失敗の入り口

一般的に、リフォーム・塗装業者を選ぶときには、ほとんどの人が毎日のようにポストや新聞に投入されているチラシや情報誌を見て、その複数の業者に「見積もり」を依頼することが多いと思います。複数の会社に見積もらせたなかから、一番安い会社に依頼する、それでいいのではないかと思われますが、はたしてこれが失敗の入り口なのです。

この複数の見積もりの結果、この本の冒頭のマンガにあるように

A社は……八〇万円
B社は……二〇〇万円
C社は……一二〇万円

この段階で、お客様の目は、単に「値段の安さ」だけに奪われています。このあとに値段交渉しても、結局「うちは同じ材料で安くやってあげますよ」などという甘い言葉にだまされてしまいます。また押しの強い業者から押し込まれると、不本意ながら契約してしまうなんてことも少なくないでしょう。

塗装・リフォームといっても、元の塗装がどんなものであったか、どんな工法で行われたものなのかをキチンと見極めなければ、適切な塗り替えはできません。それにはやはり熟練した経験と技術が必要なのです。ただチラシなどで「安さ」だけを強調しているような業者を信用してはいけません。もちろん業者にとってもお客様にとっても適正な値段というものがあります。

その結果、文句を言っても「あの値段ではここまでしかできない」とか、「追加の工事は別料金になる」などと言って、結果的には高いものにつくという、「安物買いの銭失い」なんていうことにならないように、値段だけでなく、工事の中身や材料などにも注意を払えるようにしてほしいのです。その見極め方も、この本の中で、紹介していきます。

次章では、その業者の選び方のポイントを解説します。

第3章

騙されない、良い業者の見分け方

16、「塗り替え」で失敗しないための 三つのポイント

塗装・リフォームで失敗しないためには、どうしたらいいのでしょうか。

ここまでにも言ってきたことですが、失敗しないためには、つまるところ「業者選び」に尽きるということです。では、その業者との出会い、見極めをするためのポイントを説明したいと思います。

チラシなどで見つけた業者に連絡し、担当者がやってきます。

まずそのときに、その営業マンを知り、どんな会社なのか、どんな実績があるのかを見極めることが大切です。

結論から言えば、注意したいのは、以下の三つのポイントです。

①まずは、担当者（営業マン）を知ること

②職人さんは、どんな人か聞く

③施工済みのお宅を見せてもらう（紹介してもらう）

ポイント①　まずは、担当者（営業マン）を知ること

では、まず最初に①の「担当者（営業マン）」を知る上で注目するべき点はどんな点でしょうか。

営業マンや担当者は、あなたの家の状況を見て、適切なリフォームを提案する立場の人ですが、都心や都市部では戸建て住宅が減る傾向にあり、リフォーム業者も必死で仕事を取りにくるので、歩合性の営業マンの中には、必要のない工事や不適切な工事を提案してきたりする悪質な人もいます。しかし、誠実でお客様の立場に立って営業してくれる人もいます。人を見極めるのは、人生経験がないと難しいことですが、戸建ての家を建てて、リフォームが必要になる頃の人であれば、十分にその人生経験を積んでいるとも言えるでしょう。そのうえで、簡単にその担当者（営業マン）を見極める点を挙げると、次の三つになります。

【担当者（営業マン）を知るための三つの注意点】

① 見た目
② 話し方
③ 雰囲気

まず①の「見た目」は、まずは第一印象ということですが、きちんとした折り目正しい態度であるか、古くても清潔な服装や身なりかどうか、案外見た目というのは大切なのです。

そして②の「話し方」です。ハキハキとものを言い、曖昧な言葉を使わないかという点です。その上で塗り替えなどの専門知識をわかりやすく説明してくれるかどうかです。

そして③の「雰囲気」ですが、気軽に話しを聞いてくれるか、仕事に関しての考え方が「お客様本位」の立場を持っているかどうか。いろいろな会社を渡り歩くような営業マンの場合には、どこかやさぐれた無頼な雰囲気を持っている人がいます。押し売りと同じように自分のペースで話しまくって、お客様の話を聞いてくれないような営業マンは、もってのほかです。まず信用できないと言うべきでしょう。

ポイント②　職人さんは、どんな人か聞く

塗装・リフォーム業者を選ぶときに、もっとも重要な要素は、言うまでもなく実際に工事をする職人さんです。営業マンと話をしていても、それを実施するのは職人さんですから、その職人さんがどんな技術を持っているのか、どんな人な人たちですか？　という質問をしてみることです。塗装・リフォームの業者には、いわゆる町の工務店から、営業を中心に職人は下請けの職人を使う営業会社、大手チェーンの総合リフォーム店、塗装職人の専門店、個人営業の塗装職人まで、さまざまです。塗装職人の専門店以外は、ほとんど実際の作業をする職人は、自社の社員職人ではなく、下請けの職人であることが多いと言えます。下請け職人だから手抜きをするということはありませんが、下請けであるということは、会社からの発注金額

は通常の半分から三分の一の手当てしか出ないなどという場合もあり、不本意ながらも手抜き工事に手を染めてしまわないとも限りません。

塗装についてであれば、自社の職人を抱えている塗装専門店が、そうした意味で一番でしょう。

会社の大小は関係ありません。その会社が職人さんたちを直接雇用して、どんな教育をしているのか、会社案内や、可能ならば職人さんたちの写真や名簿やプロフィールなども見せてもらえば、どんな会社なのかが分かるはずです。

自社施工と下請け施工のちがい

①塗装業者さん
（自社施工）

■塗装専門店
■自社職人がいる
■自社職人が直接施工
■長年の経験と実績がある

それとも

②塗料メーカー
③リフォーム会社
④住宅会社
（下請施工）

■リフォーム販売店
■自社職人がいない（下請へ発注）
■下請業者が施工（現場毎に違う業者）
■技術は下請け任せ。品質不安定

ポイント③　施工済みのお宅を見せてもらう（紹介してもらう）

職人さんが分かったら、その業者はどんな仕事をしてきたのかを見てみることです。施工済みのお宅を紹介してもらい、施工宅に直接その業者の評価を聞きに行くことです。

そんなことを聞いたら業者が怒るんじゃないかとかを心配する必要はありません。自分たちの工事に自信を持っている業者なら、こころよく紹介してくれるはずです。そこを訪ねて、率直にその業者の工事についての感想や評判を聞けば、どんな業者なのかが分かるというものです。

ちなみに私は、塗装・リフォームというのは、あくまで地域密着型でなければならないと思っています。なにか不具合があった場合にはすぐに駆けつけて対応できる、そしていい加減な工事や手抜きをして地元での評判が落ちても、どこにも逃げ出せないのですから。

そういう意味で地元密着の業者であれば、施工宅を見に行くにしても、たぶん車で一時間以内の場所にあるはずです。

私が代表親方として経営するウイングビルドも、私が生まれ育った神奈川県の大和市、綾瀬市を中心に営業していますが、お客様から施工宅を見たいという要望があれば、ご紹介したりご案内しています。

また、実際に施工宅を見に行くのがたいへんだという場合には、その業者に寄せられたお客様からの声（感想）を見せてもらうのもいいでしょう。

わが社でもホームページなどに、施工実績を工事前と工事後の写真に加えて、お客様の声も紹介させていただいています。「私が太鼓判を押します‼」というタイトルで、率直にご感想を書いていただいておりますが、このお言葉をいただくために、スタッフ一丸となってがんばっているとも言えます。

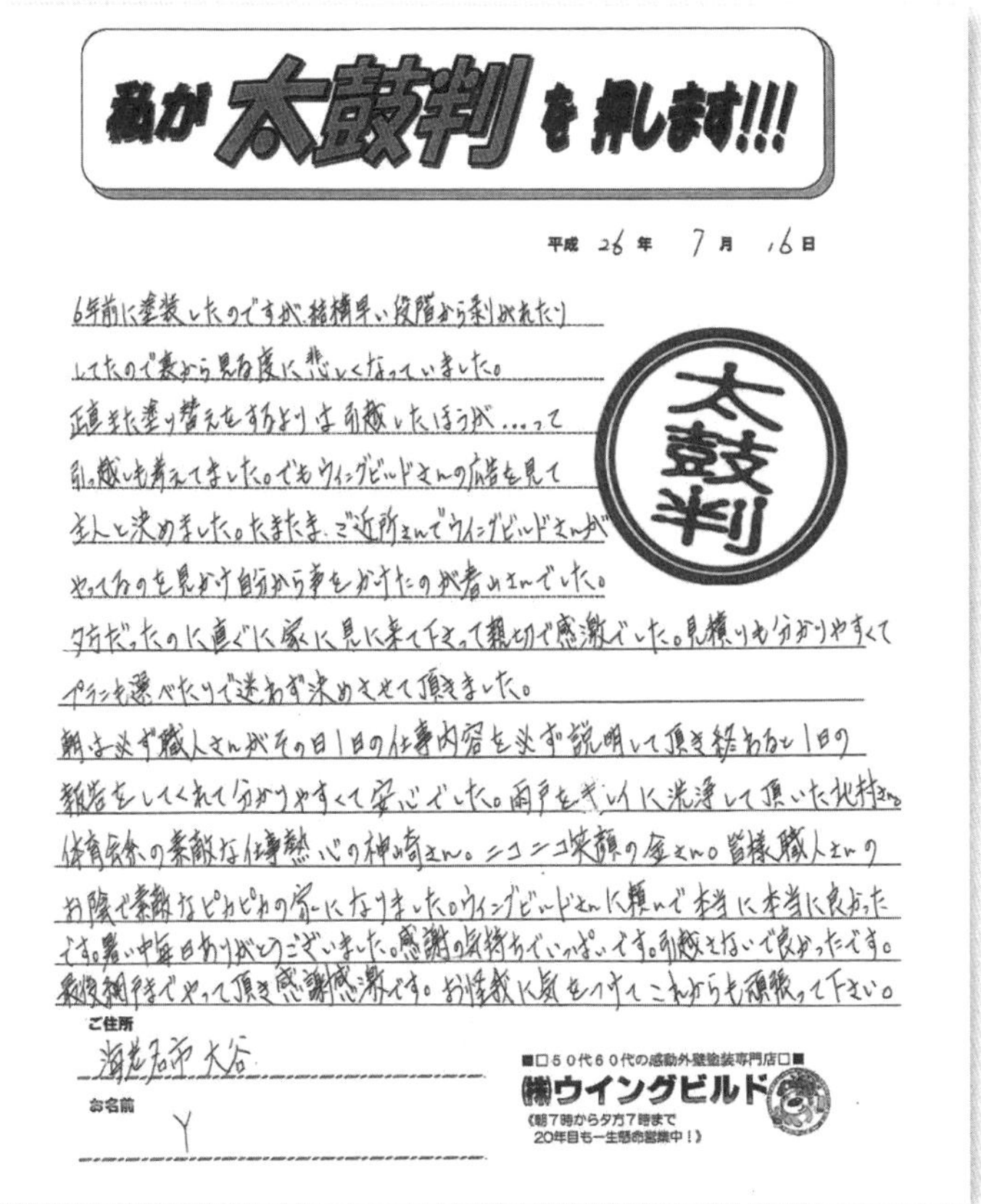

私が太鼓判を押します!!!

平成 26 年 7 月 16 日

6年前に塗装したのですが、結構早い段階から剥がれたり
してたので表から見る度に悲しくなっていました。
正直また塗り替えをするよりは引越したほうが…って
引っ越しも考えてました。でもウイングビルドさんの広告を見て
主人と決めました。たまたまご近所さんでウイングビルドさんが
やってるのを見かけ自分から声をかけたのが春山さんでした。
夕方だったのに直ぐに家に見に来て下さって親切で感激でした。見積りも分かりやすくて
プランも選べたりで迷わず決めさせて頂きました。
朝は必ず職人さんがその日1日の仕事内容を必ず説明して頂き終わると1日の
報告をしてくれて分かりやすくて安心でした。雨戸をキレイに洗浄して頂いた北村さん。
体育会系の素敵な仕事熱心の神崎さん。ニコニコ笑顔の金さん。皆様職人さんの
お陰で素敵なピカピカの家になりました。ウイングビルドさんに頼んで本当に本当に良かった
です。暑い中毎日ありがとうございました。感謝の気持ちでいっぱいです。引越さないで良かったです。
最後網戸までやって頂き感謝感激です。お怪我に気をつけてこれからも頑張って下さい。

ご住所 海老名市 大谷

お名前 Y

■□50代60代の感動外壁塗装専門店□■
㈱ウイングビルド
《朝7時から夕方7時まで
20年目も一生懸命営業中！》

●ウイングビルド社では、個別のお客様から納品後「太鼓判」という直筆の評価報告をいただき、社内の壁に張り出している。

第4章

すぐわかる！失敗しない塗り替えポイント入門編

17、なぜ外壁は塗り替えなければならないのでしょうか？

そもそも外壁はなぜ塗り替えなければならないのでしょうか。

塗装の目的は、端的に言えば、建物を腐食から守ること（保護）と、色彩によりイメージを一新すること（美観）です。

新築で購入したマイホームであっても、年を経ることでの劣化は避けられません。とくに外壁は、塗装という膜によって建物の建材が守られています。常に風雨や太陽光線にさらされている外壁の塗装は、年月とともに弱ってきます。新築当時は鮮やかな色彩の家だったのに、だんだんとくすんだ色になってきて、陰気な雰囲気になってしまいます。中の建物の建材を守るためにも一定の時間内に塗装のし直し、塗り替えが必要になってくるのです。

最近の住宅は、「一〇〇年住宅」などと銘打った、長寿の住宅を謳っているものもありますが、何もしないでも持つというものではなく、さまざまなメンテナンスを前提としています。自動車にしても数年ごとの車検や定期点検が必要なように、建物も長く持たせるには、適切な時期に適切なメンテナンスは欠かせないということです。マンションなどの集合住宅の場合には、一〇年ごとの大規模修繕のための修繕積立金を管理組合で徴収していたりしますが、戸建の住宅でも、不具合が生じてから慌ててやるのではなく、定期的な塗り替えやメンテナンス、その費用などを購入時から計画的に準備しておくことが大切なのです。

最近では、塗料や塗装技術の進歩で、遮熱・断熱などの効果を得られる塗装（環境負荷低減）やカビなどの汚れを防ぐ触媒コーティングなども住宅塗装に加わってきています。

18、いつ塗り替えればいいの？

●塗り替えの目安：一〇年に一度

かつて外壁の塗り替えのタイミングは、新築から六年ごとにというのが一般的に言われていましたが、最近は塗料の質の向上もあり、おおむね一〇年～一二年が塗り替えの時期の目安と言われています。

新築から五年経つと鉄部分と木部分の塗装が劣化し手入れが必要になってきますが、鉄部や木部の塗り替えは、可能であればこの段階で行うのが理想です。

ただ、木造家屋でも窓などはアルミサッシがほとんどで、鉄部、木部は少なくなっているので、最近は五年にこだわらなくても良いと思います。そして更に五年経つと、建物自体の長持ち化に影響のある外壁や屋根の塗装の塗り替えが必要になってきます。したがって、一〇年に一度の外壁の塗り替えが適切と言えます。

しかし塗料の種類や、日当たり、風の通りやすい場所や湿気のこもりやすい場所など、同じ建物であっても、その状況によって劣化のスピードは違ってきます。

実際には紫外線のよくあたる南側や直射日光に当たりづらい北側など、建物の面によっても劣化の進行は異なってきますので、あくまで一般的な意味で「外壁の塗り替えは一〇年が目安」ということです。

いつ塗り替えればいいの？

塗り替えの目安：10年に一度

何故？

施工前　　施工後

19、劣化箇所の確認

それでは、実際にご自宅の外回りを見てみましょう。塗り替えが必要かどうかを、どこを見ればいいのでしょうか。まずは、劣化が進みやすい箇所を見てみることになります。

①屋根

屋根は、風雨から建物全体を守ってくれる最も重要な部分ですが、普段はなかなか見ることができないため、劣化のチェックが難しいとも言えます。屋根の部材は、瓦などの粘土系のもの、トタンなどの金属系のもの、そしてスレート系の三系統に分類できますが、現在では、スレート系でコロニアルと呼ばれる特殊石綿セメント板を使用したものが約七割だと言われます。いずれの場合も、一定の時期に葺き替えるか、塗装の塗り替えが必要になります。スレート屋根の場合、通常七年～一〇年で防水性がなくなると言われます。

②鉄部

住宅には鉄をはじめ、亜鉛メッキ鋼板、カラー鋼板、アルミ、ステンレスなど金属系の外装材も多く使われています。屋外の階段やフェンス、物干しやベランダの手すり、サッシ等の建具です。ことに鉄部はサビが発生しやすく、発生して放置しておくと、腐食にいたります。そうなった場合には塗装のし直しでは済まなくなりますので、発見した場合にはすみやかに処置することが必要です。鉄部のサビは、しっかりとサビを落とした上で、サビ止めを施してから塗装し直しとなります。金属系の外装材の場合には、その材質、既存の塗膜の種類を事前に把握して適切な下処理と塗装の仕様を選ばなくてはなりません。

③コーキング

コーキングというのは、建物の気密性や防水のために、サイディング外壁やサッシ回り、タイルなどの隙間を目地材などを詰めてふさぐ事です。その材料であるパテなどをコーキング材（剤）といいますが、種類や用途なども数多く、材料も工程も「コーキング」と呼ばれます。「シーリング（材・剤）」と呼ばれることもありますが、一般的には同じことです。

このコーキングも外壁と同様、日光や風雨などによる経年劣化で、汚れや色褪せが出て、約一〇年ほどでシワや硬化によるひび割れ等が発生してきます。ひび割れなどの状態になると、雨水などが侵入することになり、シロアリの発生や家自体の腐食を進めてしまいます。劣化が退色程度の場合には、コーキング部分を含めて塗り直すことも可能ですが、壁材などのひび割れが出ている場合には、コーキングを打ち直すことが必要です。

④外壁

塗り替えでは最もメインになるのが外壁です。この塗装によって建物の印象は一新されることになります。まずは、外壁の汚れやくすみ、色褪せをチェックします。さらにひび割れや塗装の剥がれやふくれがないかも細かく見ていきます。陽の当たりにくい北側の庇の下など湿気の多い場所には、カビやコケ、藻が発生している場合があります。コケはほおっておくとカビが発生したりしますので、塗り替えの時には、バイオ洗浄などで殺菌してから塗装することになります。

劣化箇所の確認

「傷み箇所」

20、劣化箇所の確認 外壁の事例

外壁事例① モルタルの場合

モルタルというのは、セメントと水とを混ぜて作る壁材のことです。かつては住宅の外壁材として広く使用されましたが、現場でセメントと砂と水を混ぜ合わせ左官職人がコテで塗り仕上げる工程が複雑なことに加えて、二〇日以上の施工日数が必要でコストがかかり過ぎるため、現在ではモルタル壁はあまり使われなくなりました。施工後に亀裂、ヒビが入りやすいという欠点もありましたが、、昭和五〇年頃までは住宅の外壁としては主流だったこともあり、塗り替えの依頼は現在も少なくありません。

写真を見ると、モルタル特有のひび割れが出ているのがわかります。

また、壁の表面を手でこすってみたときに、白っぽい粉のようなものが手につくことがあります。黒板に残ったチョークの粉に似ていることから、これを「チョーキング現象」と呼んでいますが、外壁の塗料の防水効果が切れてきたわけで、このままでは、やがてヒビが入り、そこから雨水などが壁材の中に沁み込み深刻なダメージを与えることになります。チョーキング現象は、壁の塗り替えのサインだと言えます。

チョーキング現象（塗装の表面が経年劣化に伴い塗料の顔料がチョークのような粉状になってしまう事）が発生しています。

劣化箇所の確認（外壁）

①モルタルの場合

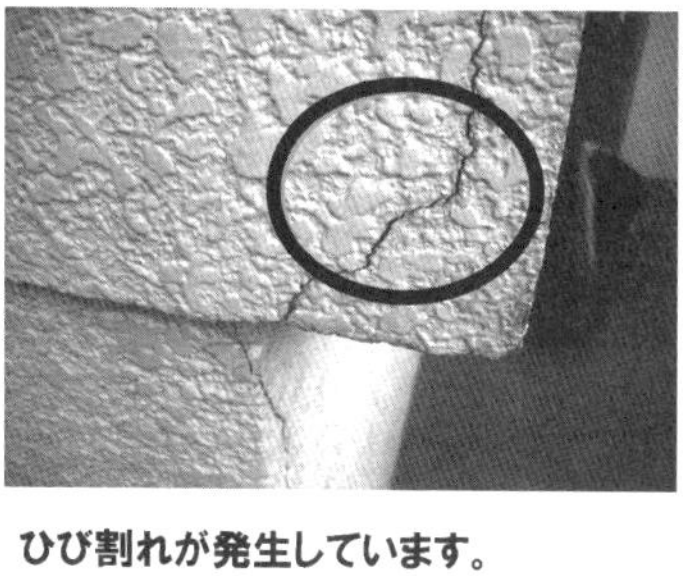

ひび割れが発生しています。

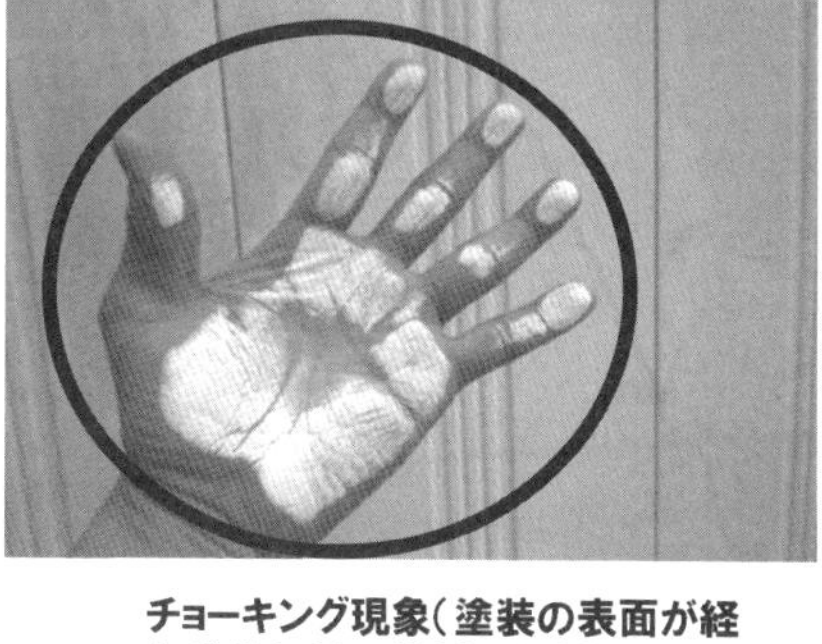

チョーキング現象（塗装の表面が経年劣化に伴い塗料の顔料がチョークのような粉状になってしまう事）が発生しています。

外壁事例②

サイディングの場合

モルタルに代わって住宅の外壁材の主流となってきたのがサイディングです。サイディングというのは、セメントと木質系成分を混合して板状に成形した建築物の外装に用いる人工の外壁材です。なかでも最も多く用いられているのが、耐火、耐熱性に優れ、新築時の施工が簡単でコストも安いという窯業系《ようぎょうけい》のサイディングです。いわば焼き物の外壁材で長期寿命の外壁材と言われていますが、建物に合わせてカットした切断面から雨水が入ったり、サイディングボードの表面やコーキングの目地割れから雨水が入り込んでボードに反りが生じるなどの劣化が生じることがあります。

写真ではコーキングの目地割れや肉やせ及び硬化現象が発生しています。コーキングが剥がれ、ボードが反り返っています。

こうしたサイディングの補修は、サイディング自体を①貼り替える、②上塗りする（塗装）、③コーキングを打ち直す（打ち増す）などの方法がありますが、いずれのリフォームを選択するかは、予算と建物の状態をきちんと診断して決めることが大切です。

劣化箇所の確認（外壁）

①サイディングの場合

コーキングの目地割れや肉やせ及び
硬化現象が発生しています。

コーキングが剥がれ、ボードが反り
返っています。

21、劣化箇所の確認（屋根）

屋根事例①　スレート屋根の場合

現在、住宅などの屋根の部材で主流となっているスレート屋根は、セメントと繊維を混ぜて、厚さ約五ミリほどに成型された板状の屋根材です。カラーベストやコロニアルと呼ばれるものが一般的ですが、スレートは、繊維の種類によって「石綿スレート」と「無石綿スレート」に分けられます。セメントと混ぜる繊維の一部に石綿を使用しているものが石綿スレートと呼ばれています。石綿はいわゆるアスベストと呼ばれる有害物質ですが、アスベスト規制が強化された平成一八年以前のスレートには、石綿（アスベスト）が含まれている可能性があります。通常は問題がないと思われますが、劣化が進んでスレート自体を葺き替える工事をする場合などには、アスベストが飛散しないように、工事を担当する業者と綿密に打ち合わせをする必要があります。

スレート屋根の劣化は、写真のように、塗膜が剥がれて、その上にカビやコケが発生したりします。塗り替えの際には、このカビやコケをていねいに洗い流さなくてはなりません。

劣化箇所の確認（屋根）

①スレート屋根の場合

塗膜が剥がれ、素地が見えてしまっており、
上からカビやコケが発生してしまっています。

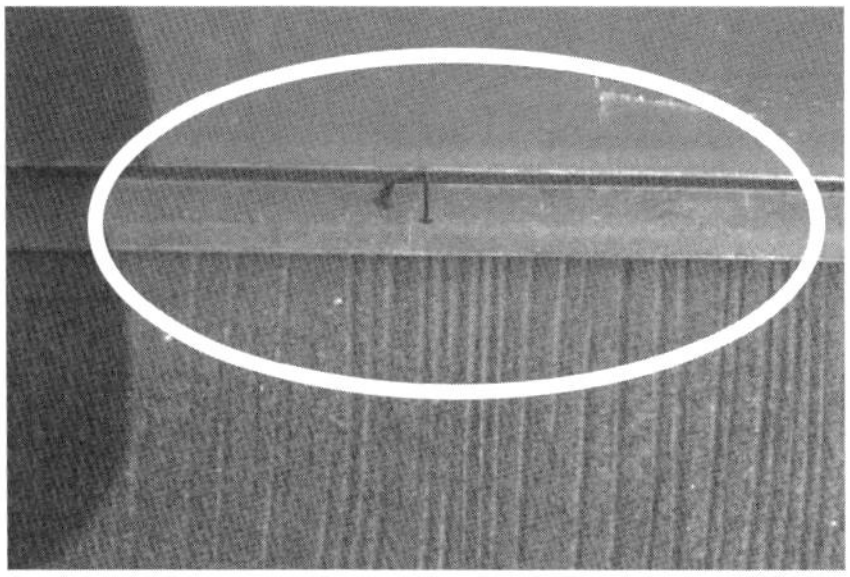

板金部分に打込んである釘が緩み、
飛び出してしまっています。

屋根事例②

トタン屋根の場合

スレート屋根や瓦屋根に比して、トタン屋根などの金属系の屋根は、塗料や塗膜の劣化によって、サビや腐食が問題となります。東北や北海道などの雪の多い寒冷地などでは金属系の屋根が多く採用されているようです。トタン屋根も、厚みのあるトタンの内部にウレタン断熱材を付けたものや、防音・断熱効果を高めたものが開発されています。

塗り替えなどのメンテナンスに当たっても、その屋根の種類や素材を見極めなければなりません。

劣化の実例写真では、既存の塗膜が剥がれてしまっているもの、塗膜が劣化してサビが発生しているのが見えます。こうなった場合には、すみやかに塗り替えが必要と言えます。

劣化箇所の確認(屋根)

②トタン屋根の場合

塗膜が劣化し、錆が発生してしまっています。

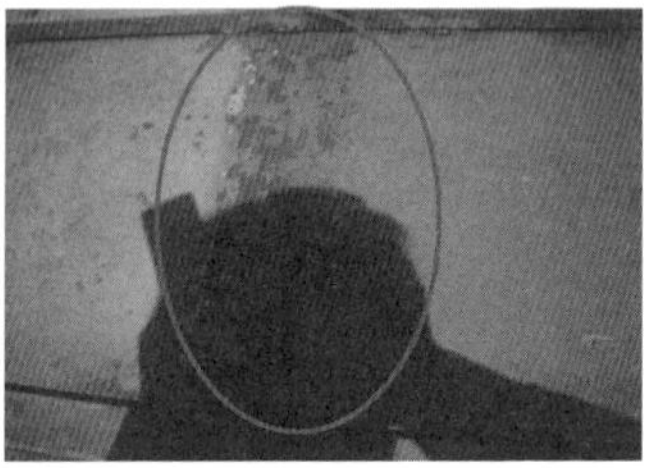

防水機能がなくなり劣化が進行し、既存の塗装が剥がれてしまっています。

22、劣化箇所の確認（付帯部）

付帯部事例①　破風板の場合

破風板（はふいた）というのは、切妻造りなどの家で山型の面の屋根の下に沿って設置されている化粧板のことで、その名の通り「風を破る板」という意味で、屋根瓦の下や屋根内部に吹き込む風を防止するのが主な役目です。それだけに、破風板の部分の塗装は剥がれやすくなっています。

破風板は、屋根の下にあって、ある意味で装飾的な役割もあります。したがってこの部分がくすんでいたり、塗装が剥げていたりすると、建物の印象までみすぼらしくなってしまいま

劣化箇所の確認（付帯部）

①破風板の場合

軒天木部の場合、経年の劣化による伸縮や、雨水の影響により腐食が起こってしまいます。

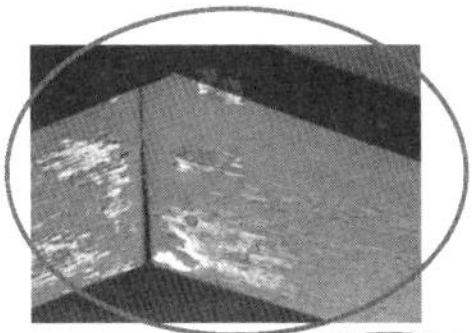

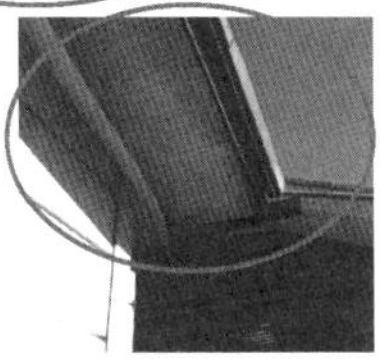

木の伸縮により、隙間があいてきてしまっています。

す。破風板などの木部は、塗料の劣化が進みやすく剥がれなどが起きやすいので、ある程度塗装面のひび割れや剥落がみられたら、早めの塗り替えが無難です。

付帯部事例② 雨樋《どい》の点検等

雨樋は、屋根の縁にとりつけられて、屋根から流れてきた雨水が建物の外壁などにかからないようにして、外壁などの腐食を防止する大切なものです。もし雨樋がなかったら雨水が屋根の軒先から外壁に直接伝わり外壁内部を腐食させる恐れがあります。また雨水が直接地面に落ちると、地面に溝ができたり、建物の基礎を不安定にさせてしまうことにもなりかねません。

雨樋は、落ち葉などのゴミが樋内にたまって詰まってしまい、継ぎ手のコーキングなどが劣化して水漏れを起こしたりします。また雨水や雪の重みで変形したり、塗装の劣化が進んで腐食したりというトラブルがつきものです。ゴミなどを取り除いてつまりを解消したのち、樋自体のサビや腐食防止のために塗装の塗り直しが必要です。樋の塗り直しには、足場を組み立てる必要がありますので、屋根の塗り直しや外壁の塗り直しのタイミングで、一緒に雨樋の塗り直しも行ったほうが、効率的にはいいといいえます。雨樋自体の設置し直しをするにしても、樋だけのために足場を組むのはもったいないですから。

劣化箇所の確認（付帯部）

②雨樋の点検等

穴が開いてしまっています。

コケやほこりなどが蓄積してしまい、
雨水の流れが悪くなってしまっています。

23、外壁の維持費用最小化のためには、耐用年数をよく考えて

外壁塗装をお考えになる人は誰もが適切なタイミングで外壁を塗り替えたいと思っているはずです。建物の資産価値を守ると同時にメンテナンス費用を最小限に抑えるためにも、タイミングよく塗り替える事が大切です。塗装は時間の経過とともに衰え、塗り替えの必要が生じるのですが塗料の種類によって、耐用年数が違うので塗り替えの時期もそれぞれ変わってきます。耐用年数一〇年の塗料であれば三〇年間で三回塗り替えなければいけません。ところが耐用年数一五年の塗料であれば三〇年間で二回の塗り替えで済みます。つまり外壁の維持費用最小化のためには

①耐久性が短く、安い塗料で短い周期で塗り替えを行うか?
②耐久性が長く、高い塗料で長い周期で塗り替えを行うか?

のどちらかです。

当然ですが、耐用年数の長い塗料の方が材料費は高くなりますが、実は塗装工事費用の大半は職人さんの人件費や足場代です。ですから材料費が少々高くても耐久性のある塗料で塗った方が、長い目

で見ると工事費用は格段に節約できる可能性があります。

仮に耐用年数一〇年の塗装工事費が一〇〇万円で、耐用年数一五年の塗装工事費が一二〇万円だとします。そうすると耐用年数一〇年の塗装工事であれば、三〇年間で三〇〇万円かかります。

しかし、耐用年数一五年の塗装工事の場合、三〇年間でかかる費用は二四〇万円です。これが外壁の維持費用です。一回の工事費用が高くなっても二回の塗り替えで済ませた方が、長い目で見ると六〇万円も安上がりということになります。

耐用年数を長くして塗り替えの回数を減らす事を考える必要があるかもしれません。

ただし、外壁以外の木部や鉄部、屋根など、部位によって劣化の進み方が違ったり、突発的なダメージを受ける場合もありますので、①か②のどちらを選択するかは、最終的には自分で選択するしかありません。

24、自分の家にあった塗料選び

前項で塗料の耐用年数について述べましたので、ここで塗料の種類について大まかな説明をしましょう。

前項で触れたように、「耐用年数は少なくて、値段の安い塗料」を使うか、「耐用年数が長くて、値段も高い塗料」を使うかは、塗り替えの周期を一〇年以内の短い周期にするか、一五年くらいの長い周期にするかで変ってくると説明しました。

外壁塗装に用いる塗料は、国内三大メーカー（日本ペイント、関西ペイント、ＳＫ化研）だけでも、耐用年数や目的、値段によって、数多くの種類があります。どれを選ぶかは、塗り替えを依頼する業者に、目的や耐用年数を目安に、きちんとあなたの希望を伝えることが重要になってきます。自分の家にあった外壁の塗料選びのためには、お客様ご自身も塗料についての最低限の知識を持っていることが大事になってきます。やや専門的な内容ですが、塗料の概略をつかんでおくことは、塗装業者の見積りや工事内容をチェックするときに役立つ知識です。

建築塗装に使用される塗料は、大きく分けて五種類あります。

アクリル塗料、ウレタン塗料、シリコン塗料、フッソ塗料、無機塗料の五種ですが、79ページの図のようにアクリル系からフッソ系と、右に行くほど耐久性が高くなり、値段も高価になっていきます。

建築に用いる塗料は、塗膜をつくる主な原料である「樹脂」と、塗料に着色したり、サビ止めなどの特殊な性質を加える「顔料」、可塑剤、沈殿防止剤などの塗料・塗膜を安定させるための「添加剤」の三つで構成されています。したがって、その主成分である樹脂の種類によって分類することができるのです。

●アクリル塗料（耐用年数三年～五年）

主成分である合成樹脂がアクリル系の塗料です。透明で強度が高いので、色をくっきり鮮やかに出す効果があります。軽量で、低価格、重ね塗りができるので、短いサイクルで色を塗り替えることができます。かつては広く外壁などに利用されていましたが、耐久年数が短いため、最近はあまり使われなくなっています。こまめに塗り替えをしたい場合には使い勝手がいい塗料です。

●ウレタン塗料（耐用年数七年～八年）

主成分である合成樹脂がウレタン系の塗料です。アクリル塗料より防水性、耐久性が向上しています。値段もお手頃な塗料といえるでしょう。塗膜が柔らかく仕上がることから、さまざまな素地として多く使用されています。密着性はシリコン系やフッ素系よりも優れているので、塗装の剥がれなどを補修するのに効果があります。価格と効果を考えると、ウレタン系塗料は、コストパフォーマンスに優れたバランスの良い塗料と言えるでしょう。

●シリコン塗料（耐用年数一〇年～一二年）

主成分である合成樹脂がシリコン系の塗料です。耐水性、耐汚性、対候性があり、耐久性も優れています。耐用年数が長く、値段はウレタン塗料よりも高いけれど、現在では、外壁塗装では主流となってきています。長い目でみれば、耐用年数が長いぶんだけ、塗り替えの頻度が減るので、トータルでは工事費が安く済むと言えます。

●フッ素系塗料（耐用年数一五年～二〇年）

主成分である合成樹脂がフッ素系の塗料です。塗膜の寿命が非常に長く、耐久性は二〇年とも言われ、現時点では最高の耐久性があります。その他にも耐熱性、耐寒性、低摩擦性、不燃性など数多くの機能の特徴があります。しかしその分現時点では、非常に値段が高いため、一般の住宅ではに使われることはあまり多くないようです。耐熱性を活かして屋根の塗装などに使われている程度でしょう。将来、値段が下がればメインの塗料となるでしょう。

●無機塗料（耐用年数二〇年以上）

「無機」というのは、炭素を含まない化合物という意味で、無機化合物に対して有機化合物がありますが、前記のアクリルやシリコン、ウレタンなどは人工的に作られた樹脂が主成分の有機塗料です。これに対して「無機」はガラスや鉱石のように紫外線で分解されない物質です。無機塗料の原料はガラスやセラミック、ケイ素が主なものですが、有機だけでは硬くて乾燥した際に塗膜にヒビが入ったり割れたりしますので、正確には無機と有機の混合塗料です。無機塗料は、高耐久性、高耐候性、耐汚染性、耐熱・不燃性に優れています。つまり、劣化に強く、天候に対しての耐性があり、汚れを雨水などで流し落とすことができ、燃えにくく延焼を防ぐという優れた特性を持っています。

そうした特性によって、二〇年以上の超耐久性を有する現時点では最高の塗料ですが、それだけに高価なので、高コストの高級塗料だと言えます。

●その他の次世代型の塗料

最近では、美観や防水性の向上のほかにも、太陽熱をはじいて外壁・屋根の温度を下げて室内の温度も下げる効果がある「遮熱塗料」などもあります。

さらに、太陽光で汚れを浮かせて雨によって洗い流して汚れがつきにくくするという「光触媒塗料」なども登場しています。「光触媒塗料」は、汚れがつきにくいだけでなく、遮熱効果と空気中の汚染物質を分解して建物の周りの空気を浄化する効果もあります。環境負荷を減らすエコな外壁塗料です。環境にいい家づくりをお望みのお客様で値段が高くなってもいいというお客様ならば、この「光触媒塗料」を選ぶのもいいと思います。今後、大いに注目される次世代の塗料です。ただしこの塗料は、現時点では認定施工店でなければ取り扱えない特殊な塗料です。

塗装目的が美観と保護の両方なら

①最低でも8～12年以上もつもの（保証書付）

②耐久性があるものを選びましょう

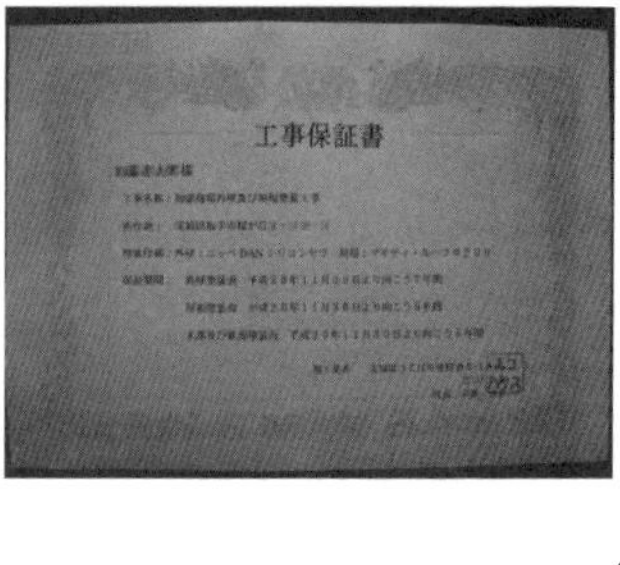

自分の家にあった塗料選び

	アクリル塗料	ウレタン塗料	シリコン塗料	フッ素塗料	無機塗料
価格	低	←	→		高
耐候性	3～5年	7～8年	10～12年	15～20年	20年以上

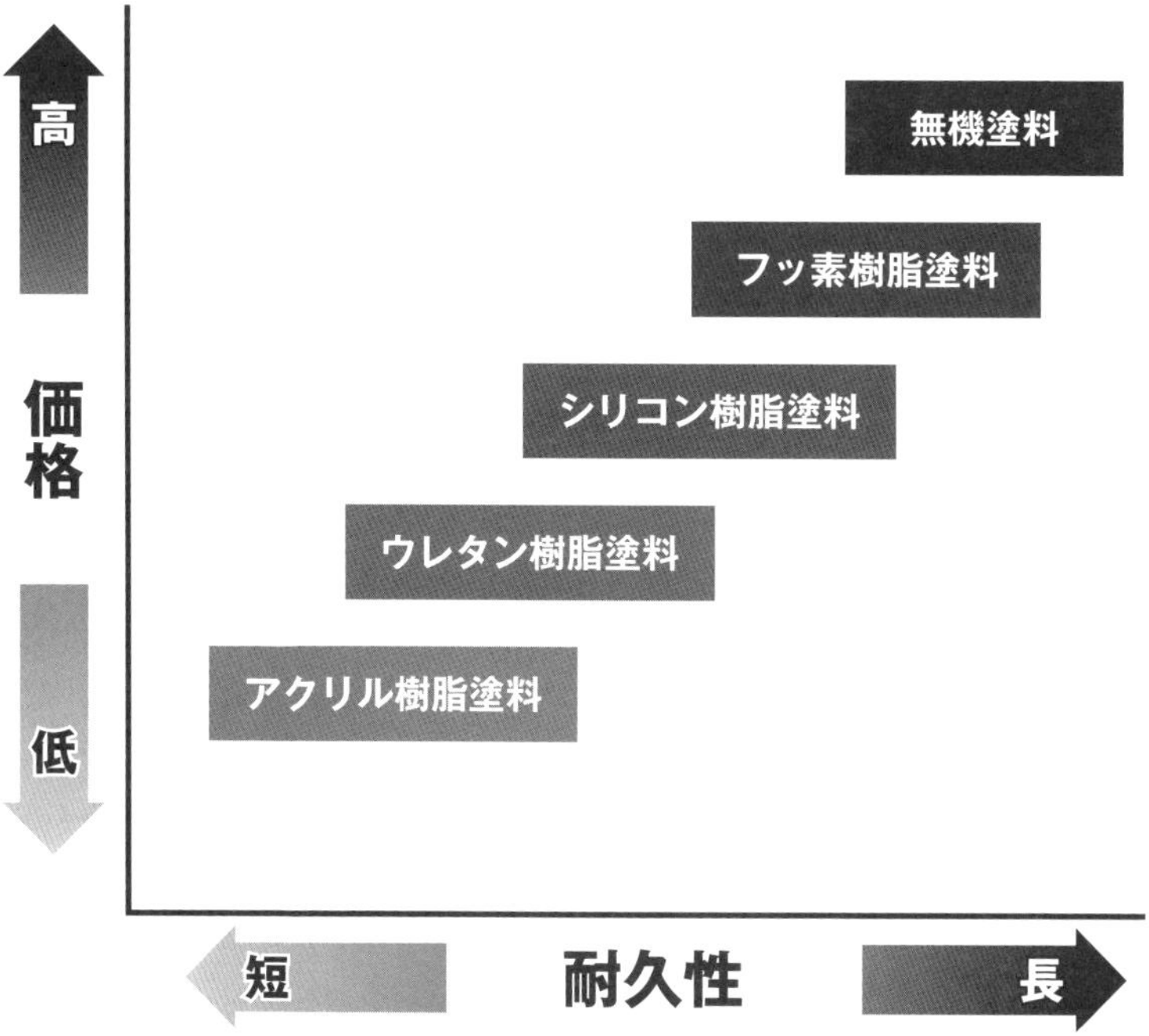

不良施工業者の手抜き工事のチェックポイント

①塗料を規定以上に薄めて使う手抜き！

塗装工事でいちばん大切なのが、当たり前ですが、塗料です。ほとんどの塗料は、塗る前に、少し薄めて使うのが普通です。塗料の特性によって水性の場合には水で、溶剤系の塗料の場合にはシンナーなどで「希釈」（きしゃく）します。「希釈」というのは、薄めるという意味で、塗料を薄める割合を「希釈率」といいます。各塗料メーカーが、その塗料の性能、耐久性を発揮するのに最適な希釈率の基準を決めています。シリコン塗料には濃度に差があるのですが、材料＋塗りの技術で良さが出るものなのです。ところがなかには、このメーカーによる希釈率の基準を無視して、規定以上に薄めて使ってしまう悪質業者もあります。規定以上に薄めれば、塗料の量が増えそのぶん塗料が節約できることになります。塗料の粘りがなくなるので刷毛などで塗る場合に早く塗ることができるようになり職人さんはラクなのです。こんな手抜き工事では、塗料の本来の性能が発揮できないうえに耐用年数も短くなってしまいます。

②オリジナル塗料がある！

「一般のものより優れた自社開発の塗料があるから、安くできる」と、勧誘してくる訪問営業の会社があります。塗料はいわば塗装の命ですから、なるべくいいものを使いたいものです。自社開発を謳っているこうした会社の塗料は、よくみると、ほとんどの場合ＯＥＭ（納入先ブランドによる受託製造商品）商品で、「自社開発」とは言えないものだったりします。ただ、ＯＥＭの塗料が悪いわけではなく、ＯＥＭなのに自社開発と偽っていることが問題なのです。

日本国内には、世界に誇る塗料メーカーが存在しますが、中小企業が開発した高性能高機能塗料にも良いものがたくさんあります。これらのコストと性能を目利きをする役割が塗装業者に求められており、そうした塗装屋さんを選ぶことが大切なのです。

第5章

知っておきたい、塗装工事の実際と作業手順

足場の設置はとても重要な工程なんです！
ウイングビルド
足場が重要な理由は3つ…なんだと思いますか？
①職人さんの安全のため…？
安全
もう2つは何かしら？
職人が安心して作業できなければ、技術を十分に発揮できません
ダメな足場
作業しにくいっ
コエ〜ッ
グラ
グラ
良い足場
安心して塗れる
ぬりぬり
②足場をきちんと組むことが塗装の品質を良くするんです！
なるほど!!足場ってすごく重要なんだね
ありがとう足場!!
③足場をきちんとメッシュで覆うと、塗料やゴミが近隣の建物に付くことも防げますよ！
ウイングビルド
安全
品質
ご近所トラブル
足場ってホントに重要なのね！
盲点でした

ちなみに、ウイングビルドでは単管足場を組む前に必ずご近所への挨拶回りをします
フムフム
作業は○日から～
ハイハイ
足場を組む騒音が出る前にご近所へ挨拶回りをするんです！
※足場は鉄製なので、設置するときに必ず騒音が出てしまいます
塗料やシンナーの臭いのこと…
騒音のこと…
カーン
カーン
ガシャン
プ～ン
工事期間のスケジュールについて…
心をこめてご挨拶と説明をしています！
○日から○日まで作業させて頂きます
スケジュール
ウイングビルド
よろしくお願いいたします!!
業者の方からもきちんと挨拶してもらえるのは嬉しいよ！
地域に愛されるウイングビルドを目指してます!!
ご近所のことも配慮してくれる業者さんて素敵！

25、外壁工事の費用ってどのくらいかかるの？

一般的な規模（三〇坪～四〇坪程度）の二階建住宅で外壁と屋根を同時に塗り替えたとき、おおよそ八〇万～一二〇万円が平均的な金額です。ただし、塗装に使う塗料の種類や、塗る面積、回数によって金額は大幅にかわってきます。フッ素塗料や、無機ハイブリッド塗料などの塗料を使うと、外壁だけの塗り替えでも一五〇万円という場合もあります。

塗装工事の内訳は？

外壁塗装工事の費用が適正かどうかを判断するのにその内訳を知っておく事が必要です。右図のように「塗料・養生資材代」が二〇％、「足場代」が二〇％「塗装職人さんの人件費」三〇％が大体の目安で、その他の三〇％が業者の固定費・営業経費といった所です。ここで注意してほしいのが、外壁塗装工事ほど手抜きをしやすい工事と言われるだけあり、塗装工事は水増ししたり手を抜きしやすいところがあるので、極端に安かったり、大幅に値下げに応じる会社は注意が必要です

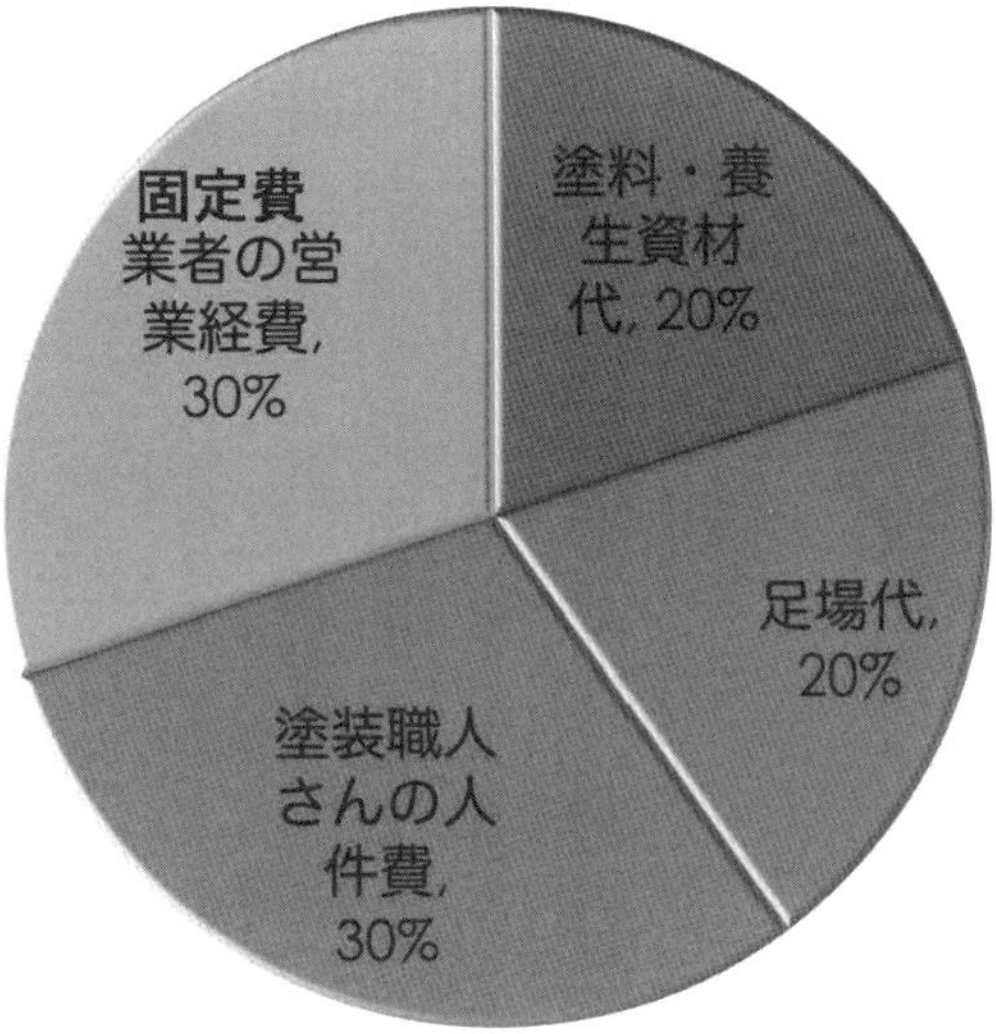
固定費
業者の営業経費,
30%
塗料・養生資材代, 20%
足場代,
20%
塗装職人さんの人件費,
30%

外壁工事の内訳の目安として
役に立ちますよ！

26、見積書の前に「調査診断書」「仕様書」を

家の塗り替えを決意したら、まずいくつかの塗装業者に連絡をして、「現地調査」を依頼します。これは外壁や屋根の劣化具合を見て、どのような工事が必要で、どのくらいの費用がかかるのかを記した「調査診断書」および「仕様書」を出してもらうのです。実際に家の状態を見なければ、正確な見積もりもできませんし、お客様の要望も具体的に聞くことができません。最近はインターネットで簡単に見積もりを出してきたりするサイトもありますが、外壁塗装などに関しては、「現地調査」しない業者だとしたら、トラブルの元ですのでおすすめできません。「調査診断書」や「仕様書」は、原則的にどんな業者でも無料で出してくれるはずですので、きちんと要求するといいでしょう。

その上で、納得できる内容のところに細かな工程ごとの「見積書」を出してもらい、工事の契約をして、工事発注という流れで進めると、いい加減な業者か、信頼できる業者なのかは、おのずと見極められるに違いありません。営業マンがやってきたらすぐに「見積書」を依頼するのではなく、「調査診断書」や「仕様書」を出してもらいましょう。

27、見積書のチェックポイント

「調査診断書」で家の劣化の状態などがはっきりと見えてきたら、具体的な見積書を出してもらいますが、そこでは何をチェックすればいいのでしょうか。

まず、良心的で良い見積書というのは、工事の工程ごとに、その工事の概要（名称・仕様）、その内訳、数量、単価などが明確に記載されているものです。内訳の明細などがなく、外壁工事一式などと、まとめてざっくりとした見積書は信用できないと言わざるをえません。

それを確認したうえで、次の二点を確認してください。

①塗装箇所が見積書にすべて記載されているか

外壁の塗り替えでいちばん多いのが、最初に聞いていない追加の工事による追加請求のトラブルです。見積書に記載がないと、後で追加の工事を行ったということでトラブルに発展しかねません。屋根や外壁は当然ですが、これ以外の箇所について、たとえば、樋や軒、破風板、水切り、雨戸、庇などですが、素人にはわかりにくいかもしれませんので、逆に「塗らない箇所」を書面にしてもらうのがいいでしょう。特に、二階のバルコニーの床や外の門や塀、雨戸、戸袋などは、業者とお客様で認識の違いが出やすいところなので、必ず事前に確認しておきたいところです。

②足場、養生シートに関する項目があるか

足場組支払い、飛散防止ネット・養生シート張り、などの記載がされているかどうか。たとえば「足場を無料にしますよ」などと営業マンが言ってきた場合、実はそれは塗料代に上乗せされていたりということもあります。そうした手法で値引きをアピールするような業者は信用できないと思います。ましてや「足場は組まないので、割引きになります」なんていう業者は、職人の安全や工事の品質の低下を無視しているので、いくら安くても、塗装工事じたいが失敗する恐れがあります。

見積書を詳しく見るためには、塗り替え工事の工程を知らなければなりません。この後の項目で具体的な「塗り替え工事の流れ」を簡単に説明しますので、参考にしてください。

わかりやすくて良心的な見積書とは？

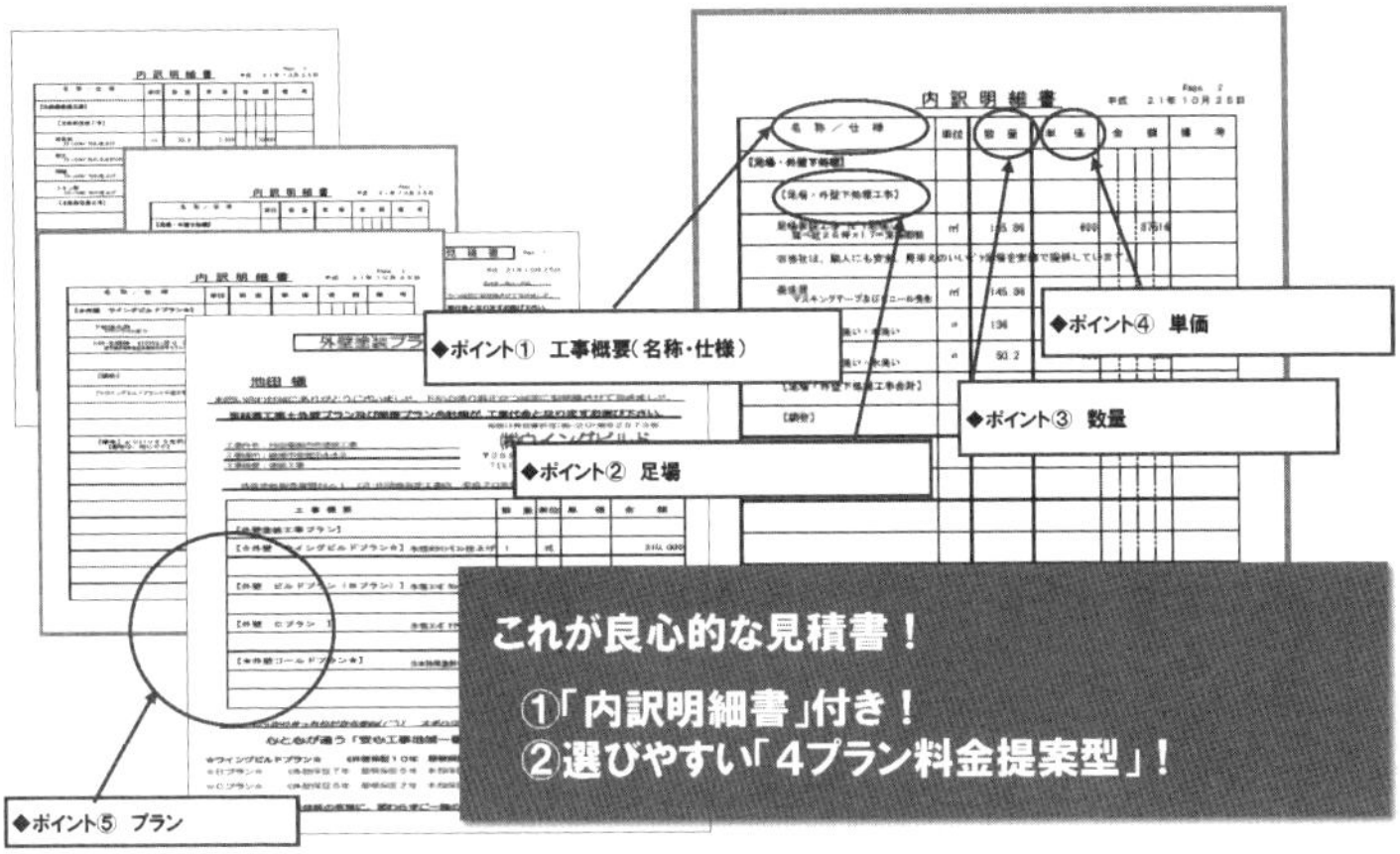

こんな見積書を見たら、要注意！！

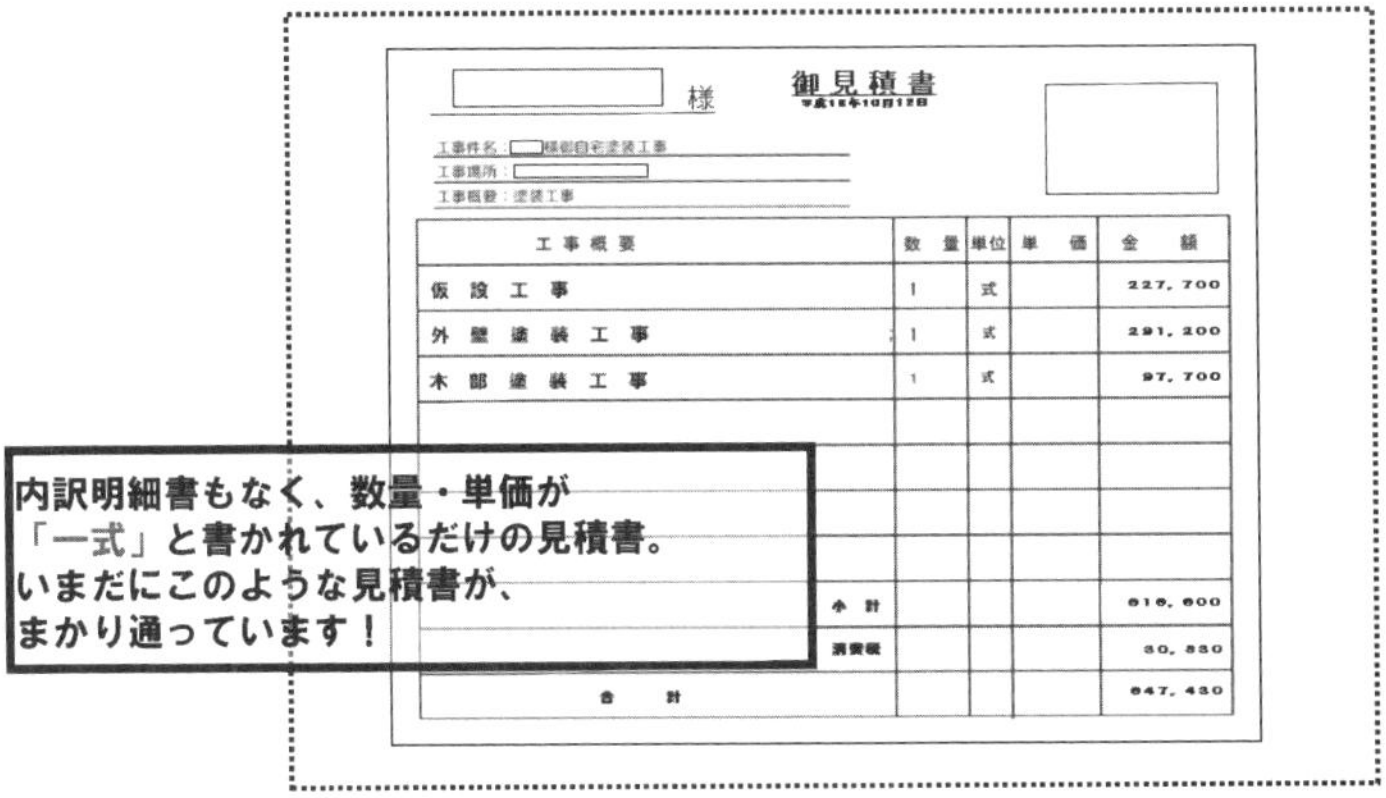

28、塗り替え工事の流れ

外壁の塗り替えを行うためには、業者にあなたのお宅を見てもらい、工事の中身を見積もってもらい、そこから実際に工事がスタートします。

ところが、実際に塗り替えをすでに経験した人でも、その作業が何のために行われ、どういう手順で行われているのか、案外ご存じないということがあります。

そこで、実際に塗り替え工事がどんな流れ、手順で行われるのかを知っていただきたいと思いますので、これからその流れ、手順を紹介します。

●大まかな塗装工事の流れ

①現状及び色などの確認
②ご近所への挨拶回り
③足場の設置
④外壁・屋根の高圧洗浄

⑤塗りの前の下準備・養生
⑥下地処理・調整（ひび割れ、剥がれ、ふくれなどの処理）
⑦外壁の下塗り（一回目・下地によっては二〜三回）
⑧外壁の中塗り（二回目）
⑨外壁の上塗り（仕上げ塗り・三回目）

屋根の塗装

⑩屋根のサビ止め塗装
⑪屋根の下塗り（下地によっては二〜三回）
⑫屋根の中塗り
⑬屋根の仕上げ塗り
⑭付帯部の仕上げ塗り
⑮確認検査・足場撤去

以上が大まかな塗装工事の流れです。細かな工事手順などは省略していますが、全体的な流れを俯瞰して理解してください。そして、塗装は基本的に、下塗りから中塗りを経て、上塗り（仕上げ塗り）まで、最低三回は行われるものだということを知っておいてください。

では、これから各工程についてもう少し詳しくそのポイントを見ていきましょう。

①ご近所への挨拶回り

私たち塗装業者は、お客様のお宅の塗り替え工事を請けたときには、施工前に必ずご近所の方々にご挨拶をさせていただくようにしています。塗装作業が始まると、作業車の出入りから、作業中の騒音、塗料やシンナーの臭いなど、注意しながら作業を進めていても、どうしてもご近所の皆様にご不便やご迷惑をかけることになります。事前に予想されるご近所からの苦情やトラブルを避けるためには、工事期間のスケジュールなどをきちんとお伝えしながら、心をこめてご挨拶することだと思っています。

塗り替え工事の流れ

ご近所挨拶回り
（最低3回実施）

②足場の設置

外壁塗装の作業を始めるにあたって、建物全体を覆うように足場の架設を行います。屋根から外壁の塗装作業をスムースに進める上で、作業する職人の安全を確保しながら、彼らが安心してその塗装の技術を十分に発揮することができる安定した足場を組むことは、塗装工事の品質にも大きな影響を与える重要な工程なのです。鉄骨を組むため、どうしても「カーン、カーン」といううるさい音が出てしまいますが、ご近所の方にも十分理解してもらえるように、業者は、この足場を組む作業の前にご近所に挨拶に回るのが一般的です。

そしてこの足場ができたらそれを覆うようにメッシュという、飛散防止ネットを張り、塗料

塗り替え工事の流れ

足場の設置工事

やゴミが近隣の建物に付かないような配慮をします。

③外壁・屋根の高圧洗浄

塗装を施す場所（外壁や屋根など）に付着しているホコリ、汚れ、カビ、コケ、劣化した塗料の粉などを高圧の洗浄水を使って洗い流します。この洗浄は、塗装工事のなかでも最も大事な下処理作業のひとつで、この作業をおろそかにすると、塗装しても後に剥がれやふくれが出たり、いわゆる「塗膜欠落」が起こる場合があるのです。

通常の戸建て住宅の場合、外壁だけなら半日、屋根まで行う場合にはほぼ一日の作業時間がかかりますが、この高圧洗浄を行っている間にも、

塗り替え工事の流れ

外壁・屋根の高圧洗浄

良い職人は、全身ずぶ濡れになりながらも、どこにどんな傷みがあるのかを確かめながら作業を進めているものです。

④塗りの前の下準備・養生

「養生」というのは、サッシ窓など塗料を塗る必要のない部分をビニールや養生テープでカバーすることです。また塗料が家の周辺や植木、駐車中の車や自転車などに飛び散らないよう、養成シートでカバーします。このとき、塗装するところと塗装しないところの境界線をきれいに出すことが仕上がりを美しく見せるコツです。が、実はこれこそ職人の腕の見せ所なのです。養生テープをまっすぐに貼るなど、テープの張り方ひとつで仕上がりが違ってきます。

塗り替え工事の流れ

養生

この作業を丁寧にしないで適当にやってしまう職人だったら、いい塗装は絶対にできません。

　住み慣れた我が家とはいえ塗装期間中は足場が組まれ養生され、普段とは違う環境で過ごさなければなりません。事故など起こさぬようお住まいの方も注意してください。

⑤下地処理・調整
（ひび割れ、剥がれ、ふくれなどの処理）

　外壁のひび割れやふくれ、剥がれなどの処理をはじめ、サイディングなどの外装材の目地（部材間の隙間・継ぎ目）の補修などを下地処理、下地調整と呼んでいます。建物の劣化を防ぐためにも塗装の前に凹凸や亀裂、欠損やピンホール等を削り取ったり埋めたりする作業を行います。

塗り替え工事の流れ

下地処理

外壁塗装後に発生するトラブルの原因の八〇パーセント以上が下地処理の不良が原因と言われています。養生や高圧洗浄などと同様に、これもまた大切な作業工程です。

⑥外壁の下塗り（一回目）

塗装は基本的に下塗り→中塗り→上塗りの三回の重ね塗りが行われます。「塗り」の一番はじめの作業が「下塗り」で、外壁にしっかり塗料を定着させるための接着剤的な役割を持っています。ここのあとの中塗り、上塗り（仕上げ塗り）の塗料が壁面にしっかりと定着するよう、壁との密着性を高めるための作業です。壁面の強度を高めるためにシーラー（下地強化材）と呼ばれる塗料を塗っていきます。透明または白

塗り替え工事の流れ

外壁：下塗り　手塗り:1回目

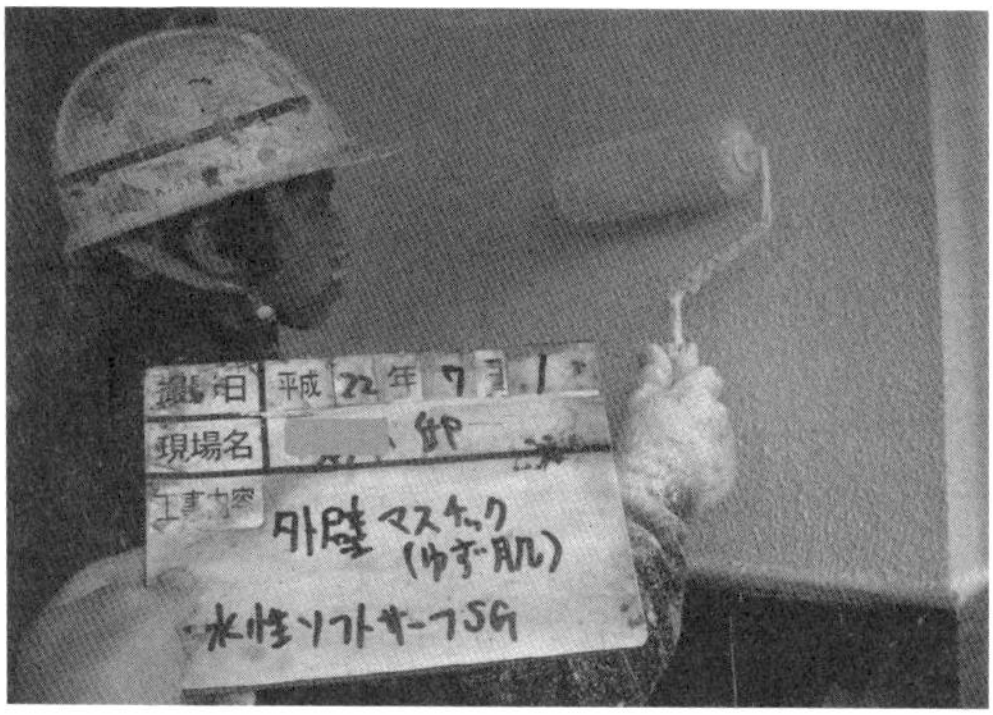

やクリーム色の塗料で手塗りの作業が始まったら、下塗りの作業をやっているのです。材質、作業状況、劣化具合などにより、塗りの回数が増減することもあります。仕上がりに差が出るので、ここはしっかりやってもらいましょう。

⑦外壁の中塗り（二回目）

下塗りが終わると、お客様のご希望の色の塗料を使って、中塗りを行います。中塗りと、上塗り（仕上げ塗り）は、基本的に同じ塗料を使うので、業者によっては「上塗り二回」などと呼んでいることもあります。

この中塗り工程により、下地材を保護し、色をつけ美観的にも美しく完成させることができます。

塗り替え工事の流れ

外壁：中塗り　手塗り:2回目

⑧外壁の上塗り（仕上げ塗り・三回目）

通常、外壁塗装は、下塗り→中塗り→そして上塗りと三回の塗りが行われますが、三回目の上塗り（仕上げ塗り）は、仕上がりの見た目と強度を決定する、まさに最後の仕上げとなる重要な工程です。

まれに一日で中塗りから上塗りまでやってしまう業者があると聞きます。しかし乾ききっていない塗料の上に塗料を重ねても塗料本来の性能が発揮されません。そういう業者がいたら要注意です。

塗り替え工事の流れ

外壁：上塗り　**手塗り：3回目**

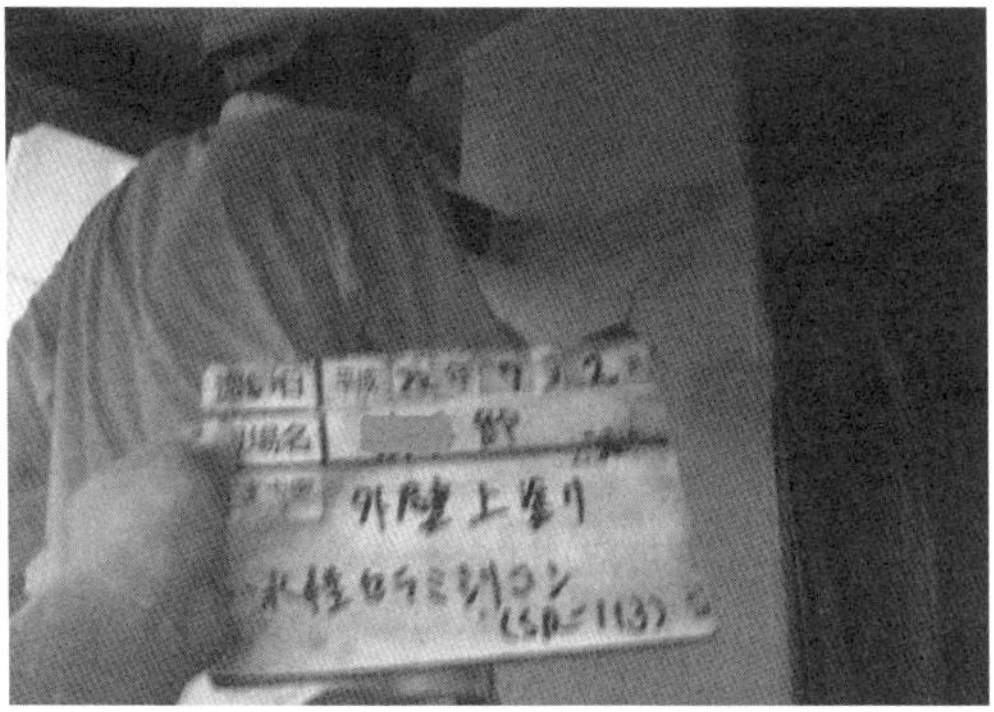

屋根の塗装工事の作業工程

⑨屋根のサビ止め塗装、下地処理

外壁のときに行った高圧洗浄ですが、スレート系と呼ばれる薄い陶板を屋根全体に貼り合わせたカラーベスト屋根（コロニアル屋根）などの洗浄は通常の高圧洗浄だけでなく、奥の汚れやコケやヌメリまで落とすことのできる「高圧トルネード洗浄」というものを使ったりします。ここでの洗浄が塗装の良し悪しに大きく関係してきます。洗浄が終わって、棟のトタン（鉄板）部分などは、下塗りのサビ止め塗料が乗りやすくするためにサンドペーパーや電動のサンダーという道具をつかってサビを落とすなどの下地処理をしていきます。この工程を「ケレン」と

塗り替え工事の流れ

屋根：錆止め塗装

呼んでいますが、トタンなどの金属面の荒れた面を滑らかにして、塗装しやすい状態にする作業です。手間のかかる作業ですが、このケレンをしっかりしていないと、本来一〇年持つ塗料であっても、数年で剥がれてしまうなんていうこともありますから、ここもしっかりと細かくチェックしながら作業を進めます。

⑩屋根の下塗り

屋根が完全に乾燥してから、鉄や金属の部分には下塗りとして錆止めを塗り、カラーベスト瓦には外壁と同様に下塗り剤のシーラー（またはプライマー）と呼ばれる下塗り剤を塗っていきます。この後の中塗り・上塗りの塗料と屋根をしっかりと密着させる接着剤の機能を果たす

塗り替え工事の流れ

屋根：下塗り

手塗り：1回目

もので、均一に仕上げるための下地を作っていきます。古い屋根ほどシーラーを吸い込みますが、屋根を長持ちさせるためには、多少時間や予算がかかってもシーラーを十分に塗ることが大切なのです。

　ちなみに、シーラーとプライマーの違いは単に呼び名の違いで、機能や役目は同じです。一般的に水性のものをシーラー、溶剤系をプライマーと呼ぶことが多いようです。

　また、カラーベスト屋根などの場合は、一枚一枚の薄い板を貼り合わせていますが、上から入って来た雨水は、この板と板の隙間から逃がす構造になっていますので、この上から塗装をすると、塗料で板の隙間がふさがってしまいます。板と板の隙間がふさがったままだと雨水を逃がす場所がなくなるため屋根が腐食すること

塗り替え工事の流れ
屋根：縁切り部材差込

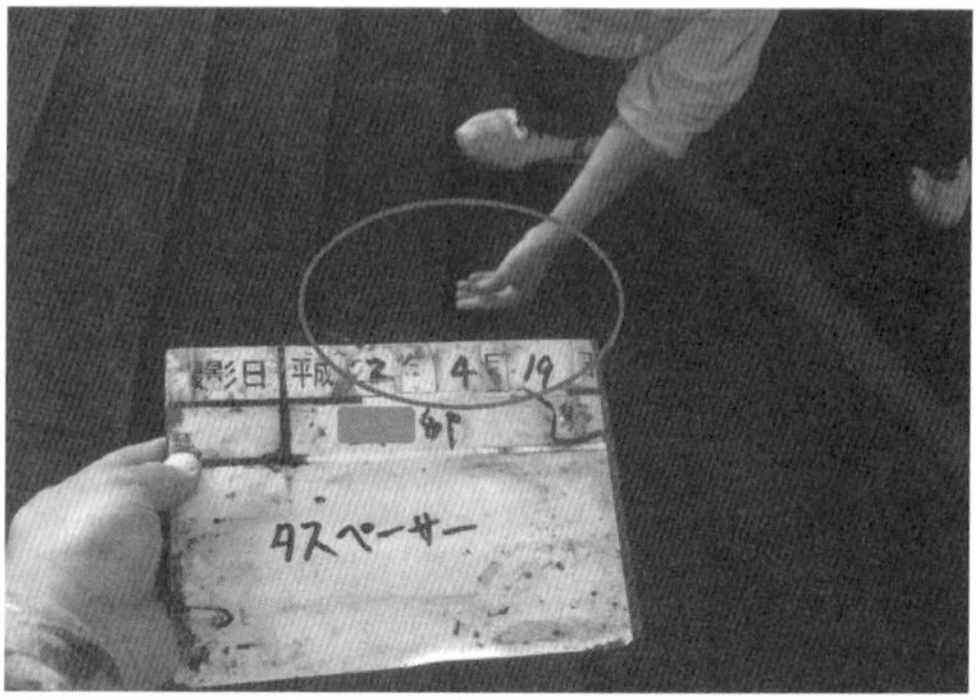

になるため、これを防ぐために、「縁《えん》切《ぎ》り」という作業をします。塗料でふさがった隙間を切る道具を用いて一枚一枚開けていきます。最近は、タスペーサーという確実に隙間をつくるための部材もあり、これを使用している業者であれば良い塗装工事ができる業者だといえるでしょう。

⑪屋根の中塗り

下塗りが終わったら、一定の時間をおいてから中塗りをします。ここで、お客様の希望の色に塗っていくことになります。基本的には大小のローラーと刷毛を使った手作業で塗っていきます。中塗りと上塗りは通常、同じ塗料を使うのが基本ですので、「上塗り二回」などと呼ば

塗り替え工事の流れ

屋根：中塗り　　手塗り：2回目

れることもあります。

　この中塗り~上塗りの工程によって、紫外線保護や防水の機能を屋根材に与え、下地材を保護すると同時に、色をつけ美観的にも美しくなるよう丁寧に完成させていきます。

　施工は刷毛とローラーが基本ですが、時間がないとか特別な理由がある場合には、吹き付ける工法もありますが、吹き付けはミストと呼ばれる極微細な塗料が周囲に飛散したりして、ご近所トラブルの元にもなりますので、基本的にはやらないほうがいいでしょう。

⑫屋根の上塗り（仕上げ塗り）

　中塗りと同じ塗料で上塗り（仕上げ）を行います。この上塗りは、最終的な外観の見た目と

塗り替え工事の流れ

屋根：上塗り

手塗り:3回目

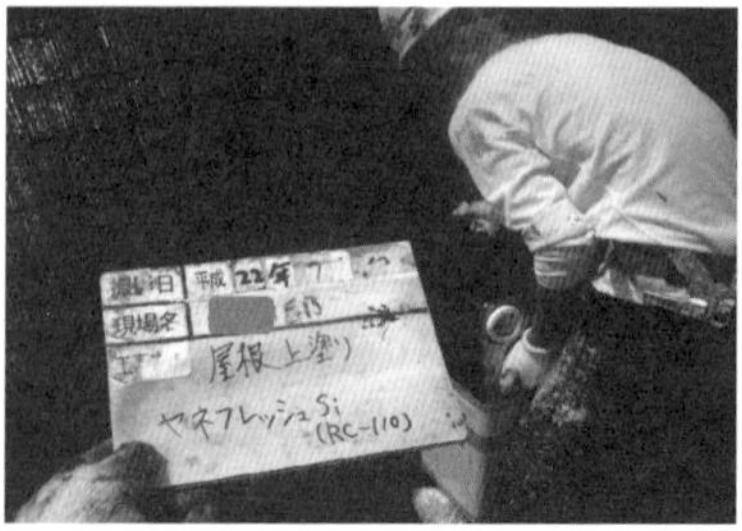

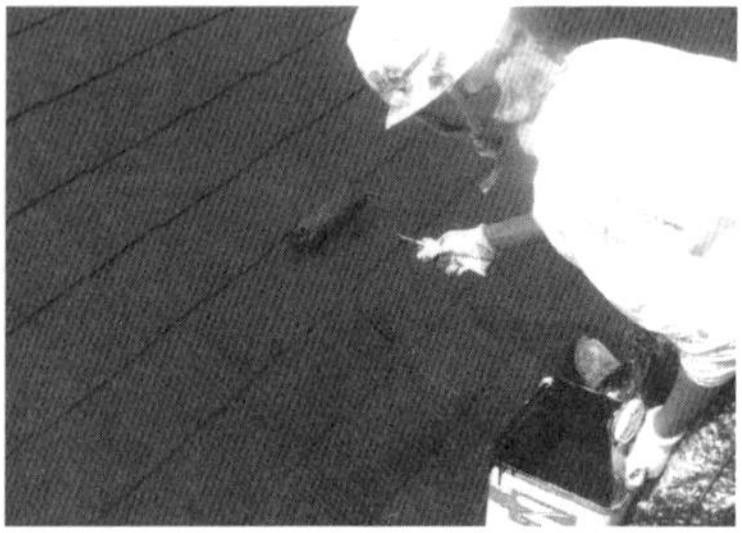

屋根の耐久性を決定づける、文字通りの最後の仕上げです。溜まりやムラがない様に均等に塗っていきます。この仕上げ塗りを丁寧にすることで紫外線や酸性雨などでの劣化を抑え、汚れなどもつきにくくできますので、長く家の外観を美しく保てるようになります。仕上げ塗りが終わって見ると、かつてくすんで汚れていた屋根が、輝くようなツヤのある美しい屋根に蘇っているのに感動するに違いありません。

⑬付帯部の塗り
（下塗り→中塗り→仕上げ塗り）

付帯部というのは、「破風板」、「軒天（軒の天井部分）」、「雨樋」、「水切り」、「幕板」、「雨戸」、「戸袋」、「配管」等のことです。

塗り替え工事の流れ

役物塗装（木部下塗り）

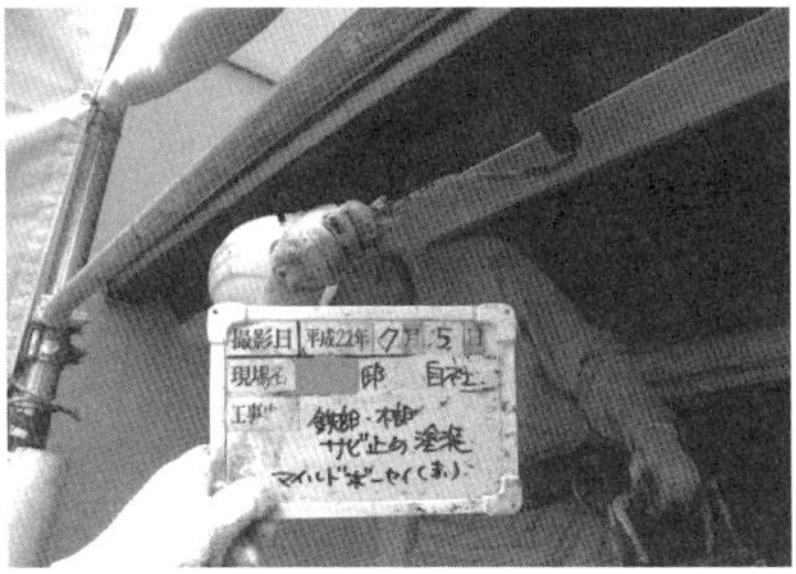

これらの付帯部も外壁同様、雨樋やベランダの柵、雨戸などの鉄部はサビを落とすなどの「ケレン」や下地処理などの作業をしっかり行ったうえで、コーキングやサビ止め塗料を塗り、さらに中塗り、そして仕上げ塗りと、基本三回の塗りの作業を行います。

破風板などの木部も、下塗り→中塗り→仕上げ塗りの計三回塗りです。建物の隅々まで、きっちりと塗り分け、塗装の仕上げです。

⑭確認検査・足場撤去

すべての塗装作業が終了したら、養生シート・メッシュを取り外し、仕上がり状態の点検をします。お客様にも見ていただき、問題がないか指示書と照合し全体をチェックします。気にな

塗り替え工事の流れ

役物塗装（木部仕上げ）

る箇所は修正してもらい、満足のいく仕上がりでない場合は、塗装業者ときちんと話し合い修正を依頼します。その際の工事費は、指示書どおりでないとか施工業者のミスなどによるものであれば、業者の責任で修正作業をしてもらうのは当然ですが、それが微妙な場合には、どちらの負担になるのかなど、確認を忘れずに。

問題がなければ足場を解体し、最終チェックをし、すべて撤去します。

最後に周辺を清掃し工事完了です。

工事休業日を除いてここまでで約一〇日～二週間前後で工事完了となります。

塗り替え工事の流れ

完了

29、要注意！ 悪質業者が行う手抜き工事

ここまでに「外壁塗装の工事の流れ」の概略を説明してきました。各工程で何が必要で、どんなことをしなければならないのかがおわかりいただけたと思います。すると悪質業者が行う、「手抜き工事」というのも見えてきたのではないかと思います。

手抜き工事は、人件費節約のために、工事期間を早めたり、短くするなど、やらなければならない工程を飛ばして手間を省くことで起こることが多いと言えます。また、規定の塗料ではなく、より安い塗料を規定外に薄め（希釈）て、塗料を水増しするなど、材料をケチってしまって本来の耐久性や耐熱性を発揮されなくなることが多いのです。

●ケレン（サビ、既存塗膜の除去）を怠る・下地処理を行わない！

屋根や壁、鉄部などの付帯部清掃は外壁塗り替えの前に必ず必要な工程で、この処理に手抜きがあると後の剥がれの原因になります。洗浄の手抜きやひび割れや凹凸の補修を手抜きすると、劣化の原因になりかねません。大きいひび割れなどでない場合には、下地は塗料で隠れてしまい、素人では見

分ける事が難しいのです。

●乾燥しないうちに重ね塗りをする！

乾燥が不十分のまま二回目、三回目の塗装をする事で、塗料が定着しないため、早期の剥がれの原因となってしまいます。塗料や、洗浄の乾燥時間を短縮する事で職人の工賃を削減する事が目的です。

乾燥しないうちに次の塗料を塗るということは、基本的にはあり得ない工程です。

●三回塗りが基本のところを二回で塗装を終わらせたり、三回目の仕上げ塗りの塗装を中途半端に終わらせてしまう

これも塗料と職人の人件費を削ってしまおうとする手抜きの典型的なものです。工事を見ていて、そのような工程を発見したら、その場で職人さんに質して、注意することです。

30、手抜き工事を防止する簡単で確実な方法

前項で「三回塗りが基本のところを二回で塗装を終わらせたり、三回目の仕上げ塗りの塗装を中途半端に終わらせてしまう」という手抜き工事の典型的な手法を紹介しましたが、こういう手抜き工事を防止するにはどうしたらいいのでしょうか。またはどうやったら防止することができるでしょうか。

塗り残しがあると、どうなるか?

塗装工事が完了してしばらくの間は何も起こる事はありません。

しかし、一年くらい経つと徐々に塗りムラが現れてきて見た目が極端に悪くなってきます。また塗料のカタログを見ればわかりますが、外壁塗装で最も重要なのは中塗りと上塗りですから最後の上塗りを省くと塗料本来の耐久性が発揮されないために、塗膜が早く劣化して寿命が大幅に短くなってしまい、次の塗り替え時期が早まってしまうのです。

塗り残しを防ぐ方法

中塗りと上塗りの色を変えれば良いのです。色を変えるといっても、赤を塗った上に白を塗るということではなく、微妙に色を変えてもらうのです。中塗りと上塗りは、通常は同じ色の同じ塗料で塗り重ねていくものですが、ここで少し色味を変えると、塗り忘れ、塗り残しが一目でわかるのです。この手法、実は公共工事では常識なのです。

また、公共工事では工程ごとの写真の提出が施工業者に義務づけられています。住宅の塗り替えの場合でも、工程ごとの写真を見せてもらうことを事前に約束しておいて、そのつど写真で確認していけば手抜きの余地がありません。きちんとした業者であれば、すべての工程の写真を見せてくれと言っても、まったく嫌な顔はしないし、むしろこの作業を徹底して行ってくれるはずです。

ための五つのポイント

①訪問販売にきた塗装店には絶対に即決してはいけません

訪問販売の業者がすべて悪質業者とは限りませんが、絶対に即決してはいけません。訪問販売でトラブルが多いのは事実です。訪問販売にきた業者や営業マンには十分注意して、よく考えてから答えをだしましょう。「今、決めてくれたら半額に値引きします」などと即決を迫ってくる業者ほど注意が必要です。

②必ず複数の業者に見積りを依頼しましょう

外壁塗装は相場はあってもわかりにくく、トラブルも多い工事です。複数に見積りを依頼することで適正価格を知ることができます。一社だけではそれが適正なものかどうか判断することができません。複数に見積りを依頼して、営業マンや職人と直接話すことができれば、業者との相性などもわかり、納得のいく業者選びができるでしょう。

③必ず書面でやり取りしましょう

契約時に抱いていたイメージと完成後のイメージがずれていたり、工事がスケジュール通りに進まなかったりというトラブルが起こりがちです。気になることは、よく営業や担当者と話し合い、必ずそのやりとりを書面に残しておきましょう。

外壁塗装で失敗しない

④塗装の資格や保険を確認しましょう

意外と知られていませんが、塗装業界にも資格があります。

①建設業許可（塗装業）　②一級塗装技能士　③各有資格（職長研修・足場主任・有機溶剤など）　④雇用保険　⑤労災保険　⑥損害保険　⑦納税しているか　その他

これらの資格を有しているか、各種保険に加入しているかどうかで、その事業者が、きちんとしているかどうかがわかるものです。

⑤アフターフォローが万全かどうか

工事終了後に不具合や不良が出ないとは限りません。そうした際に、気持ちよく「アフターフォロー」に応じてくれる会社を選びたいものです。しっかりしている会社であれば、定期的な点検やフォローする体制が整っているものです。

第6章

施工事例（ビフォア・アフター）太鼓判でみるお客様の生の声

工事内容 外壁塗装

2015年5月27日完成

海老名市 T 様邸

BEFORE

AFTER

私が太鼓判を押します!!!

平成 27 年 5 月 27 日

塗伝心

塗って伝える心 塗って伝わる心

ウイングビルドさんとの出会いは数年前に塗り替えセミナーに参加した時でした。

当時はまだ具体的な計画は無く、いずれ必要になるだろうから、一応知識を得ておこうとの思いからでした。

その後、ここ1〜2年でシルキータウンの半数以上の家が塗り替えを実施したので我家も築12年経過した事から重い腰を上げ、ウイングビルドさんに見積り依頼しました。

その際、若林代表は他の業者と違って我家の外壁サイディングの目地はまだ充分弾力性があるので汚れを落として塗装するだけで交換の必要無しと言われました。

リフォーム業者は数多くあるけれど、塗装の専門業者としてのプロだなあとの思いからウイングビルドさんにお願いしました。

神崎さんの丁寧な仕事ぶりと色々なアドバイスをいただき想像以上の仕上りに感謝しております。

きれいになった我家で気分も新たに暮らしたいと思っています。

ご住所 海老名市 中新田

お名前

㈱ウイングビルド
《朝7時から夕方7時まで
20年目も一生懸命営業中!》
お手紙は◆本社〒252-1103綾瀬市深谷中8-1-12

工事内容 外壁・屋根塗装

2015年5月19日完成

座間市 F 様邸

BEFORE

AFTER

業者選びをしていた時　セミナーを知り参加致しました。

若林社長の講話を聞きとても感動し
ウイングビルドに決めました。

その後　春山さんのアドバイスを戴きながら
日程・予算と満足のいくものでした。

お陰様で素晴しい物が出来上がりました。

ありがとうございました。

工事の感想は日極さんが中心となって適格な作業振りと細かい作業説明に感動致しました。

仕事以外（塗装）の仕事もして頂き感動して居ります。

今後も頑張って下さい。

次回も会える事を楽しみにしております。

工事内容 外壁・屋根塗装

2015年5月5日完成

海老名市 I 様邸

BEFORE

AFTER

今回は築後2回目の塗りかえでかなり慎重に業者さんを選びました。

ウイングビルドさんに決めた最大の理由は親方の『熱き心』でした。

といっても決して押し売り的なものではなく真面目に塗装を語る熱意に安心感が広がりました。

工事が始まってそれは確実なものとなり職人さん達の丁寧な仕事に毎日感動をしていました。

見積もりから施工までプロ意識の高い気持ちの良い数日間でした。

想像以上の仕上がりに本当に心から感謝しております。


『ありがとうございました』

※この仕事に関わって下さった皆様、マナーが良く　明るく
ちゃんと親方の思いが浸透していましたよ。

工事内容 外壁・屋根塗装

2015年5月21日完成

平塚市 O 様邸

BEFORE

AFTER

私が太鼓判を押します!!!

平成27年5月21日

仕事が早く、そして丁寧で、とても
きれいに仕上げて頂きました。その日、その先の
工程も分かりやすく説明して頂いたので
安心してお任せする事が出来ました
玄関の所にあった週間予定の看板も
先の予定を把握出来るので非常に親切
だと思います。
家が見違えるほどきれいになり大満足です
色々とお世話になりました。
本当にありがとうございました

太鼓判

ご住所
平塚市田村

お名前

工事内容 外壁・屋根塗装

2015年5月5日完成

大和市 N 様邸

ゴールデンウィーク　天候に恵まれた中、奥田さんを中心としたメンバーでとてもきれいに、そして格好良く塗装してくださいました。

実は以前から春山さんに依頼していましたが直前で色調に不安をもった為、連絡するとすぐに来てくださって安心できました。

思っていた以上の仕あがりに満足しています。

工事内容 外壁・屋根塗装

2015年4月28日完成

海老名市 I 様邸

家の塗り替え講座に2/21参加をし若林親方、補佐の奥様の真摯な態度、話し方に100%の信頼を持ちました。
工事の予定はなかったのですが、家の歴史をふりかえり貴社との出会いもあり　今がチャンスと思いました
３月６日来宅　春山氏の説明に段取りよく見積り契約となり
４月１８日足場　４月２０日高圧洗浄・シーリング・塗装工事と続いております
職長の奥田敬彦氏
まず挨拶・返事のよさ・笑顔・信頼・好感度良しさっすが～です
若林親方の思いをつないでいける一人だと思います
春山氏の説明・笑顔もいいです
ウイングビルドの御活躍を祈ってます
（大きな企業にならないで・・・一人ごと　顔の見える関係がいいです）

工事内容　外壁・屋根塗装

2015 年 5 月 2 日完成

座間市 A 様邸

BEFORE

AFTER

私が太鼓判を押します!!!

平成 27 年 5 月 2 日

◎沢山あるリフォーム会社の中から安心できる会社を選ぶのは、
とても不安でしたが、春山さんのちゃんと見積りに時間をかけ、
「選ぶのはどちらでもいいので見るだけは見て下さい。」の課が
とても印象的でした。
◎リフォーム中は、田辺さん(他の方も)がとても礼儀正しく、又、
ていねいな説明、仕事をして頂き、不安から安心に変わりました。
本当にありがとうございました。

ご住所

座間市南栗原

お名前

工事内容 外壁塗装

2015年4月23日完成

大和市 T 様邸

BEFORE

AFTER

今回塗替えをウイングビルドさんに依頼して本当に良かったと思ってます
最高の仕上がりで回りの人にもじまん出来ます
最後の日にはアミドまで張替していただき本当に感謝しております
新聞などの折込でわかってましたがイコーザのセミナーに参加して話を聞き好きになりきめました。

実は綾瀬には寺尾に五年、深谷に十八年お世話になってました
合わせて二十三年住んでます
とてもなつかしく思ってます
第二のふるさとと思います
今の所には息子の会社の関係で駅に近い所と思ってきめました
今でも綾瀬はなつかしい所です

工事内容 部分塗装

2015年4月16日完成

藤沢市 M 様邸

BEFORE

AFTER

前回　3年前に外壁をやっていただき
また是非　屋内もお願いしたいと思っておりました。
今後もよろしくお願いします。

工事後の細いアフターメンテにも心良く対応して下さり、やっぱりウイングビルドにしてよかったです。

工事内容 外壁・屋根塗装

2015年4月12日完成

綾瀬市 K 様邸

BEFORE

AFTER

私が太鼓判を押します!!!

平成 27 年 4 月 12 日

初めての外壁塗装工事でしたが、毎日、進行状況を報告して頂き安心してお願いする事が出来ました。

最初はピンク色は派手かなと思いましたが、とても気に入りました。（屋根の色ともとても合い満足です。）

とてもお仕事が丁寧で近所の方からも、とても良い業者さんでと言って頂きました。

皆さんの「おはようございます」の挨拶がさわやかでとも言って頂きました。


最初から最後まで親切丁寧に作業して頂きありがとうございました。

塗伝心

塗って伝える心 塗って伝わる心

ご住所 綾瀬市小園

お名前

㈱ウイングビルド
《朝7時から夕方7時まで 20年目も一生懸命営業中！》
お手紙は◆本社〒252-1103綾瀬市深谷中8-1-12

工事内容 外壁･屋根塗装

2015年4月9日完成

大和市 O 様邸

BEFORE

AFTER

数年前よりウイングビルドさんのチラシをみて心は決めておりました

仕事は心でするもの　この言葉好きです

太鼓判の言葉を信じて細かい所にも気を使って頂き新築の様になり　北村さん　ありがとう御座居ました

工事内容 外壁･屋根塗装

2015年3月30日完成

大和市 H 様邸

BEFORE

AFTER

今回は年度末の忙しい中、対応していただき、ありがとうございました。

出来映えについても大変満足しています。
この状態をいつまで保てるかだと思いますが、仕事の仕方から安心しています。

できれば色については、もう少しアドバイスがほしかったです。

工事内容 外壁塗装

2015年3月18日完成

座間市 S 様邸

BEFORE

AFTER

昨年4月に次男とお父さんと2人が病にたおれて海老名の総合病院にバスの中でウイングビルドさんの看板を見てから私の心の中ではきめておりました。

春山様の記載された内容を信頼しての施工　契約し施工結果は心に相違のない真面目な仕事ぶりで気候的に大変寒い時期にがんばって仕上げていただきました。

大変ありがたく思っています。
奥田敬彦様ほか2人の若者達
どこにお世話してもだいじょうぶ
大変ありがとう御座居ました。

ウイングビルド様から多くの若者が育つことを祈っています。

工事内容 外壁塗装

2015年3月15日完成

綾瀬市 Y 様邸

BEFORE

AFTER

この度び始めてのお付き合いで塗装工事をお願い致しました所、その作業の正確さと仕事の丁寧にはただおどろきの一言です。

若い職人さんの息の合った仕事の出来倍はみごとの一言です。

おかげ様で新築の家に変りました。
社員皆様の教育もすばらしいものと思います。
ありがとうございました。

工事内容 外壁・屋根塗装

2015年1月19日完成

海老名市 Y 様邸

私が太鼓判を押します!!!

平成27年1月19日

塗伝心
塗って伝える心 塗って伝わる心

この度は本当にお世話になりました。
仕事で在宅できませんでしたが、安心してお任せしてしまい、
その為温かい物も出せずに寒い中、さぞ大変だったと思います。
今までのピンク色から紺色にしたのですが、北村さんの提案で
グレーのアクセントを付けて頂き、大変満足です。ありがとう。
次回もお願いしたいと思いますよ。

ご住所
海老名市社家

お名前

工事内容 外壁・屋根塗装

2015年4月1日完成

綾瀬市 H 様邸

BEFORE

AFTER

私が太鼓判を押します!!!

平成 27 年 4 月 1 日

塗伝心
塗って伝える心 塗って伝わる心

社長さん、職人さん皆さん感じが良く
安心してお任せできました。
塗料も良い物を職人さんに丁寧に塗って
頂いたので100%の効果を発揮してくれると
感じます。
素晴らしい仕上りで200%満足です。\(^-^)/
社長さん、神崎さん、職人さん
ありがとうございました。
P.S、桜の時期に桜の様なキレイな色合いなので
妻と桜ハウスと名付けました。(^o^)
塗伝心、神崎さん最高の職人さんですね。
良い仕上がりを考えてくれてアドバイスしてくださり
すごく有りがたかったです。o(^o^)o

ご住所
綾瀬市小園

お名前

工事内容 外壁・屋根塗装

2015年6月25日完成

藤沢市 S 様邸

BEFORE

AFTER

私が太鼓判を押します!!!

平成27年6月25日

①わかりやすい見積書

②塗料の機能性の高さ

③ダブルトーンの高いデザイン性

④丁寧な施工

⑤近隣への配慮

すべてが完璧でした。若林社長、神崎さんありがとうございました。

塗伝心

塗って伝える心 塗って伝わる心

ご住所 藤沢市遠藤

お名前

工事内容 外壁・屋根塗装

2014年12月26日完成

大和市 W 様邸

職人さん達が皆さん気さくで人間味があり、謙虚さや誠実さが伝わってきました。
近隣対策についても臨機応変に対応して下さり、塗装以外のことについても安心感と頼もしさを感じました。

息子3人が将来　家をもち、外壁塗装をするときはぜひウイングビルドさんにお願いします。
装いも新たになった我が家でよい新年を迎えられそうです。

これからまた新しい家族のドラマを築いていく機会を作ってくれて感謝しています!!
大変お世話になりありがとうございました。

工事内容 外壁・屋根塗装

2014年12月24日完成

大和市 H 様邸

今回、初めての外壁塗装で3社見積を取りました。

その中でもウイングビルドさんが気になるベランダのサビなど親身に相談にのって頂いたのでお願いすることに決めました。

外壁の上塗りの段階でイメージの色と違っていたので何色か色のパターンを調色して頂き
『これが僕の仕事』です
その言葉からも仕事はていねいで細やかな点まで気配りのできる職人さんでした。
日極さんありがとうございました。
作業に入って頂いた職人の皆さんも礼儀正しかったです。

イメージ通りの仕上がりとベランダのサビもきれいに塗装して頂き大変満足しております。
ウイングビルドさんに頼んで本当に良かったです。

《職人の皆様へ》
寒い中での作業で本当につらかったと思います。
皆様のおかげで新築同様のわが家によみがえり感謝しております。
ありがとうございました！

「塗伝心」——地域に根付く職人仕事と日本の心を守る

31、野球に明けくれた少年時代

ここまで、マイホームの塗り替えで失敗しないための方法、そして失敗しない業者選びのコツについて、塗装業界に入って約二十数年で得た知識や経験をもとに書かせていただきました。

ここで、なぜ私がこのような本を書く気になったのか、いや書かなければならないと思ったのか、私の塗装屋人生の原点について述べさせていただき、私という職人がどんな人間なのか、どんなことを目指して会社を運営しているのかをご理解いただきたいと思います。

ここまでにも述べてきましたが、リフォーム業界、とくに塗装業界は、違法とまではいかないまでも、強引な訪問販売営業などの被害が日常茶飯事という状況は、私がこの業界に入ってから現在まで、ほとんど改善されてきませんでした。もちろんここ数年は、そうした業界の現状を変えようとする会社や業者も増えてきてはいます。私自身、この塗装業界に足を染めた頃には、仕事に対して情熱も誇りも感じることができずに、悪質業者と同じような手抜き工事でお茶を濁してみたり、自分自身でも情けないふるまいをしてきたことを告白します。

しかし、その後、いろいろな出会いがあり、このままではいけないと自らを変え、また業界の悪弊を変えて、自分の仕事や業界に誇りを持って働ける場に作り変えなければという気持ちになったのです。

現在、我が社ウイングビルドは、年間の売り上げで二億円を超え、工事件数にして三百件の塗装工事をこなす会社に成長させることができました。ＩＴ企業などの他業種の方からみれば売上げ的に見ても会社の規模としても、まだまだ小さな会社に過ぎないかもしれませんが、地元に密着して地元のお客様に奉仕するという私の目標に照らし合わせると、自己満足ですが、なかなかのものじゃないかという手応えを感じているのです。

何より誇らしく思っているのは、お客様からのクレームがほとんどないことです。お客様に感謝されるようないい仕事をしていくことで、また新たなお客様を紹介していただける、お客様のために、また社員のために、まじめにいい仕事をやっていくことが成功のカギだということを学んだおかげで、自分でも驚くほどの成果を上げることができたのです。

野球に燃えた少年時代〜学生時代

では、そもそも私はどういう人間なのか、そして、小なりといえど、会社のリーダーとなるにふさわしい人間だったのかどうか、正直に私の半生を振り返ってみます。

それは、これからもさらに塗装・リフォーム業界を確かなものにして、誇りを持って働くことのできる職場をつくっていきたいからです。若い人たちに私の会社に入って欲しいのはもちろんですが、この業界を目指す若くていい人材が多く育ってもらいたい、というのが偽らざる願いなのです。

私は現在、神奈川県中央部の綾瀬、湘南県央エリアを中心に仕事を展開していますが、もともとは、同じ神奈川県でも東の方の横浜市鶴見区で生まれました。東京の羽田から多摩川を渡って神奈川県に入り、川崎、鶴見という京浜工業地帯に育ったわけです。父親はごく普通のサラリーマンでしたが、両親とも出身は、北陸の石川県から出てきたので、私のルーツは石川県にあるともいえます。輪島塗など職人技の光る土地柄ですが、その北陸出身の両親の間に生まれた私が、漆器と外壁との違いはありますが、同じ「塗り」の職人になったというのは、ややこじつけですが、不思議な因縁を感じることがあります。

鶴見で生まれ、その後父親が家を建てて、大和市に移り住むことになりました。大和市は神奈川県の地図を見ると、ほぼ中央に位置し、小田急線と相鉄線が交差する町で、人口二〇万人ほどの地方都市です。横浜市生まれの私としては、大和市、そしてさらに中学のときに家庭の事情で移り住んだ綾瀬市などは、どうしても〝田舎〟に思えたものです。しかし、そこがその後もずっと私の第二、第三のふるさと、地元となって、そこでの出会いが、現在の私を育ててくれたかけがえのない愛する地元となっていったのです。

なんといっても少年時代の出会いで、その後も私という人間のバックボーンを作ってくれたのは、野球でした。たまたま近所に住むおじさんに誘われて、大和市の地元の少年野球チームに入ることになったのです。でも、そのチームにはまだ下級生チームはなかったので、小学校一年だった私は下級生チームの仲間集めに走ることになりました。思えばこの頃から仲間を集めてわいわいとやるのが好きだったようです。

その後、中学一年の時に大和市から隣町の綾瀬市に引っ越し、ここでも野球部に入り、大好きな野球をやっていました。野球を通じて出会った仲間や先生方、応援してくれた両親をはじめチームメイトの保護者の方々、この地元の人たちから教わった「勝利への意欲」の重要さが、その後の私の人生に大きな影響を与えてくれたのです。

しかし当時、水島新司の『球道くん』が好きで、夢中で野球に打ち込んでいたわけですが、なぜか高校へ行って、高校球児の夢の甲子園を目指そうという夢はなく、甲子園には無関心でした。神奈川県は当時も今も甲子園常連の名門、強豪校がひしめいていたこともあり、甲子園→プロ野球なんていう目標を持つことに無理があったのかもしれません。

しかしいま振り返ってみると、本気になってそういう目標を持ってやっていれば、果たせない夢なんてないんだということを、当時の私に言ってやりたいなと、今では思うようになっています。それで、いま地元の綾瀬で少年野球のチームをつくって指導したりしていますが、「夢や目標を持てばできないことはないんだ」ということを子どもたちに伝えたいなと思っています。私自身はその時代に野球が好きで一生懸命やっていたけれども、ちゃんとした目標を持ってやっていなかった少年時代を思い出し、自分ができなかったことを子どもたちに託して、十一年前に硬式野球のクラブチームを立ち上げたんです。まあ、後悔はしていませんが、楽しんでやらせてもらっているわけです。

中学まで野球一筋だった少年は高校に入ってから、いわゆる不良少年グループとのつきあいができ、私のヤンチャ時代が始まりました。

オートバイに乗って、神奈川県内を走り回って、ここでもヤンキー仲間を集めて、いきがっていました。そしてとうとう、あるトラブルが発生して、結局は野球どころか高校も中退することになってしまいました。自分としては仲間と一緒に遊んでいることが何より楽しかっただけで、騒音で周囲の方に迷惑はかけたかもしれませんが、不良と言われるような悪いことに手を出したりはしていませんでした。今でいうと、地元が大好きで地元の仲間と遊ぶ「マイルドヤンキー」「ソフトヤンキー」なんて呼ばれる、そのハシリだったかもしれません。

32、仕事を始めてから会社設立まで

高校を中退したあと、てっとり早く稼ぐために建設業界に入りました。その時には、とくにこの業界に魅力を感じていたわけでもありませんでした。とくに目標のようなものも無かったのです。そして、十代で最初の仕事は、とび職専門の職人の見習いで高校を横に出て、建設現場で働くことになったのです。

二十三歳で中学の同級生だった現在の妻と結婚しました。その後平成四年、二十五歳で独立し、当初は建築の鳶と塗装の会社として、「ウイングビルド」という会社を起ち上げたのです。建設業界のなかで、雄大に羽ばたき天を翔ける存在になりたいという思いをこめ、翔（ウイング）＋建（ビルド）というネーミングにしました。その後、塗装にシフトしていくことになりましたが、「ウイング」の「ウィン」は、その頃に学んだ言葉で、「ウィンウィン（ＷｉｎＷｉｎ）」、つまりお客様と社員、そして地域とがみんなが勝つ、みんながな満足する関係をつくるという意味も加え、「ウィンウィンウィン＝当社・お客様・地域」と三回繰り返していました。

独立したきっかけは、妻にきちんとした台所を自分の手で作ってやりたいという思いからでした。

結婚した当初、うちの女房は料理も家事もなにもできなかったのですが、日々本を読んだり、人に聞いたりしていろいろ努力して、さまざまな料理や家事ができるようになっていく。そういう姿を見ていて、この女房のために、いい台所を作ってやりたいと思うようになったのです。まあ、台所だけ作ってもしかたないので、当然家も建てなければならないということで、決意して独立を決めたのです。まだ実力的に充分ではなかったにしても、当時はまだバブルの余韻があり、建設業界もまだまだ忙しかったので仕事はたくさんあったのです。それに加えて、みんなで何かをやりたい、そういう組織をつくりたいという、私の少年期からのクセのようなものが一気に出て、一念発起して会社を立ち上げることになったのです。

ところがここでまた、問題が発生したのです。起業して三、四年したところで、わかりやすく言えば労務倒産的なことが発生してしまいました。私は、いったん思い込むと周りが見えないほど集中してのめり込んでしまう人間で、少年時代には、遊びに夢中になっておしっこをするのを忘れて洩らしちゃったくらいでしたから。そんなことで、仕事を始めてからも、一生懸命になるのは悪いことではないんですが、周りのスタッフのことが見えてなかったのです。自分の思いだけで突っ走ってしまっていたんですね。

会社に誰も来なくなる

ある日、私のやり方についていけないと、若い者たちがクーデターを起こして、会社に来なくなってしまったのです。そこで、仕事そのものが立ちゆかなくなって、私はもう一度自分を見つめ直して仕切り直しをしなければならないということで、国家資格の二級建築士と二級建築施工技師の勉強をして、この資格にチャレンジしたのです。そうこうしていると、それまでの私の人脈や信用で、なんとか仕事をとれるようになってきて、人も少しずつ戻ってきた。でも、そこにはまだ、何の経営計画も方針もなかったのです。かつて学生時代に野球をやっていても、甲子園とかそういう目標を持っていなかった自分のままだったのです。

資格を取って、そこそこに業績は改善してきましたが、このままではまた同じことを繰り返してしまうのではないかという不安は拭い去れません。

そんなときに、神奈川県中小企業同友会に誘われて、そこで、会社経営ということの基本を教えていただいたのが、大きな転機になったと思います。

ちゃんと経営計画、経営指針、方針を作成して、向かうべき目標や道しるべを改めて定めなければならないんだということを学んで、その方向で経営計画、経営方針を作り出したのです。まず、経営の理念や理想を掲げて、それを日々の実践や行動目標、数値目標、計画に落とし込んでいったのです。

それが利益につながって、事業継続、推進につながっていくという、経営者としての勉強をはじめたわけです。

その勉強のおかげで、金銭的な利益だけでなく、経営者として、また人間的な意味での利益も得られたんだと思います。そして会社は誰のためにあって、仕事は何のためにやるのか、そういうことをじっくり考えて、まずは社員が幸せになる、仕事に生きがいを感じられるような会社にすることだと。すると、それはいつしか、この塗装の仕事を通じてお客様の利益を考え、お客様視点を持つこと、そういうお客様視点の社員をつくりだすことが私の経営舎としての役目なんだと気がついてきた。常にお客さま視点で考えてくれる社員がいて、もちろんそのなかで会社の原価や利益も必要で、それを追求することがひいては、お客様の幸せになり、会社も利益がきちんと上がり、社員の雇用や賃金も守ることができるようになるという「ウィンウィンウィン」の「天使のサイクル」が回り出すのです。

33、魅力的な業界にしていくための、「塗伝心」という経営理念

会社を変えるために、私が最初に行ったことは、経営理念をはっきりと掲げて、経営方針を立てることでした。するとどうでしょう、はっきりとそれ以後、ここ五、六年、経営が改善せれ業績もアップし

てきたのです。

そうして業績改善していくと、お客さんからの推薦状である「太鼓判」（ホームページに公開しています）がたくさんもらえるようになってきました。この太鼓判は、私たちの会社を挙げてとりくんでいる「見える化」のひとつの成果でもあるのですが、日々行っていることや考えていること、そしてお客様からいただいたお薦めの言葉やお叱りなどを、会社内外にすべてさらけ出して「会社の透明性」に努めているのです。そのなかで、「お客さまからの声」をいただきホームページに掲載して公開しているものです。

塗装というのは、塗料の良し悪しはもちろんありますが、それを塗る職人の技術が命なんです。その報酬としてお客様は工事費を支払ってくれるわけです。そこはやはり人間同士の信頼関係をつくることが大切だし、お客様と我々塗装業者がウィンウィンの関係でなければならないと思うのです。それが私が会社の理念として掲げた「塗伝心」（塗って伝える心、塗って伝わる心）ということなのです。

それは、若者たちが、この仕事の中で自分の人生のビジョンをしっかりと持てる、魅力ある企業にするということでもあります。

そうしなければ塗装職人を目指す若い人が入ってきてくれませんし、いい職人も育っていかないのですから。

「キツイ」「きたない」「危険」のいわゆる「3K」職場といわれるこの業界を、将来的に一生の仕事として誇りを持ってやっていけるものにしていかなければならない。そのためには、職人さんの次にランクアップしたポストなり職制や塗装マイスターなどの資格をつくっていかなければいけないと思い、そのために動いています。

それが、次にご紹介する当社の経営理念にすべて入っています。喜びの種を蒔いて、価値ある日本の未来をつくっていく、そんな想いでいま私は会社を運営しています。

ウイングビルドの経営理念

塗伝心

塗って伝える心　塗って伝わる心

《心のさけび・原点》

塗伝心とは、「塗って伝える心、塗って伝わる心」

《ウイングビルドの使命・存在意義》

①人として幸せに輝き喜びの種を蒔き
日本の価値ある未来をつくります。

②私たちウイングビルドは
地域に根付く職人仕事と日本の心を守り、
美しい住まいづくりで夢の担い手となり笑顔を伝えていきます。

③塗伝心ブランドで人々の暮らしを彩っていきます。

ウイングビルドの経営ビジョン

《ウイングビルドの進む道、そして目指すべき姿》

①塗伝心で若者たちがビジョンを持てる魅力あふれる企業になります。社員はウイングビルド経営指針に共鳴した人材のみとします。

②コミュニケーションをもち絆を深めビジョンを達成できる企業となります。
③塗伝心で地域に必要な企業となります。
④塗装専門店としての誇りと知恵と経験でお客様に心から信頼される企業となります。
⑤取引先と強いパートナーシップを結び塗装プロフェッショナルの集団として共にお客様満足を実現する企業となります。
⑥全社員フィールドにおり「参加型」「繁盛店思考」企業となります。
⑦日本塗装職人の会のビジョンと共に育みスーパーリフォーム店となります。
⑧人々に愛されるリーディングカンパニーとなり塗装業界を日本で一番魅力的な業界にデザインします。
⑨施工力、受注力、地域社会と想いを融合し事業利益を社員還元・社内留保・社会還元していきます。

34、塗装・リフォーム業界への提言

会社を一新し良い会社に作り上げるために、明確な目標や経営方針を持つことが必要だということを痛切に感じた私は、前項に掲げた「塗伝心」という言葉を生み出して、その理念にそって、それを

具体化するための方針や指針を作ってきました。

私の会社は、こうした理念の下、「良い会社」を目指して活動していますが、私たち一社で、この塗装・リフォーム業界を変えることはできません。

そうした想いを共有し、ともに業界を変えていく仲間と連携する必要を感じた私は、二〇一一年の三月、あの忌まわしい三・一一東日本大震災の直前に、神奈川県の専門リフォーム会社四社と経営コンサルタント会社一社、ソフト開発会社の代表ら有志で、一般社団法人「日本建築匠士会《たくみしかい》」を結成、スタートしました。

自らが専門職人として、長年に渡り建築工事現場に従事してきた代表親方が、アライアンス（連携・同盟）を組むことで、地域のお客様に対して、自社の専門工事はもとより、すべての工事種別に関しても、理念と想いを同じにした仲間（日本建築匠士会会員）を紹介することができるため、お客様には、より高い技術と安心をご提供できるシステムをつくったのです。そこでも宣言していることですが、我が社の「お客様への五つの誓い」というものがあります。これは、全国の塗装・リフォーム会社にもそのまま目指して欲しい「誓い」であると思います。我が社よりももっと優れた人たちがいることは承知していますし、口はばったい意見だと思いますが、あえてまだまだ小さな一塗装屋に過ぎない私たちの「お客様への誓い」を、この業界の人すべてにお伝えしたいと思います。

「ウイングビルド」の社風づくり

《お客様への5つの誓い》

第1条：愛：大切な家族と同じ様にお客様を愛します
第2条：信頼関係：信頼関係を大切にします
第3条：情熱：情熱は誰にも負けません
第4条：健全経営：健全経営を心掛けます
第5条：日本の心：日本の心を忘れません

《社風づくり》

第1条：素直であること

自分自身、家族、仲間、会社、そしてお客様の喜ぶ顔を思い浮かべれば自然と素直になれる。そして、何事も真剣に考えて取り組めば、それがすべて喜びになり、人から頼りにされる。頼られる人間は、皆、リーダーである。

第2条：好奇心旺盛であること

仕事は、何のためにするものか？「自己実現のため」「家族のため」「生活のため」「会社のため」「お金のため」。せっかくやる仕事なら〝楽しくやらなきゃ損〟。何にでも興味を持って、果敢にチャレンジしよう。

第3条：忍耐力があり、あきらめないこと

挑戦は、成功の母である。しかし、まずは、「必ずできる！　と自己暗示をかけて本気で取り組む」この順番が成功への道である。そして一度取り組み始めたら、絶対に諦めない。そのためには、常に、「心・技・体」の努力を怠らない。

第4条：準備を怠らないこと

準備とは＝「考えること」。人間は、考えれば、できないことはない。考えて、考えて、考え尽くす。これが「準備」である。そして、その後は、一心不乱に突き進む。この行動の積み重ねが、Ｇｏｏｄタイミングを導く。「千里の道も一歩から」

第5条：几帳面であること

ウイングビルド精神の几帳面とは、こういうこと。

1、職人魂＝お客様への思いやり、仕上げへの責任、約束を守る、匠の技を磨く、できないは言わない。

2、整理整頓＝2通りある。①身の周りの整理整頓、②頭の中の整理整頓。これらが身について行動できる几帳面な人間がする仕事は、お客様に喜ばれるし、自身も良い人生が送れる。

第6条：気配りができること

「笑顔」は、相手への最高の気配りである。自分が見せれば、相手が安心し、相手が見せてくれれば自分も安心できる。「笑顔」を見せるためには、相手への思いやりが何よりも大切。そのために仲間との助け合い、次の人がわかりやすいように次工程を考えて仕事を効率化する。

第7条：夢を持ち、目標を高く設定することができること

夢は、仲間同志で堂々と口に出して語り合おう。一〇回口に出すから「叶う」という。そして、家族を幸せにするために目標を高く掲げる。そうすれば、「責任感が出る」「無理をしない」「悪事に手を染めない」。みんなが幸せになれる。

第7章

「塗伝心」――地域に根付く職人仕事と日本の心を守る

一般社団法人
日本建築匠《たくみ》士《し》会《かい》とは？

すべては、安心と感動のために
顔と価格と技術が見える
地元応援専門店ネットワーク

いつの時代も、リフォーム工事、新築工事を問わず、建築工事を依頼しようとするお客様の願いは、「地元で腕が良くて、安心できて、しかも適正価格でお願いできる良い業者にめぐり逢いたい」というもの。

一般社団法人日本建築匠士会は、そんな地域のお客様の願いを叶えるために、また、業界の悪しき慣習と戦うために、神奈川県の専門工事会社4社と経営コンサルタント会社、ソフト開発会社の代表により設立された組織です。

名称：一般社団法人 日本建築匠士会
（英字名Japan Archtecture Expert Leaders Alliance ）

【代理理事】
若林　均（株式会社ウイングビルド・代表取締役）事業内容：外壁塗装

【理事】
太田洋一（有限会社　創陽・代表取締役）　事業内容：内装工事
中澤秀樹（有限会社　湘南理想商事・代表取締役）事業内容：屋根・外壁板金
松山秀樹（有限会社　松山住宅設備・代表取締役）事業内容：水道工事
瀧本真也（株式会社　シンクパス・代表取締役）　事業内容：経営コンサルタント
磯辺幸寛（有限会社　ビー・アイ・代表取締役）　事業内容：ＰＣソフト開発

設立年月：2011年3月3日
本拠地：神奈川県綾瀬市深谷中8-1-12
問合せ：0467―70―7006（株式会社ウイングビルド内・担当＝若林）

第8章

中小企業診断士の目

業界でも注目される㈱ウイングビルドの経営とマーケティング戦略

青沼　充（特別寄稿）

■このコーナーでは、この本の著者が率いるウイングビルド社を中小企業診断士である私（青沼充）が経営診断させていただいたので、その結果をベースに同社の経営マネジメントについてご紹介します。少し硬い内容ですが、お客様が安心して任せられる企業であることを専門的視点から解説します。又これらは、この塗装業界やリフォーム業界の大半を占める自営業や中小企業の関係読者の方にとってもご参考になるかと思います。

❶ウイングビルドの経営の歴史（V字型成長曲線の背景）

《下請け時代から個人宅元請けへ、安心して任せられる企業へのチェンジ》

この会社は、18期（平成23年）までは、主として大手の下請けをやっていました。利益率は厳しく、また組織マネジメントの失敗による若者離反もあるという状況から、それを転換したのは、資格チャレンジ、経営マネジメントの理論勉強と実経営での実践です。ここから、お客様を個人宅に切り替え、業績は図1のようにV字型で上向いていきます。その後の企業の経営健全度を診断したものが図2です。健全度がすべてレベル3以上にあり、バランスのとれた企業であることがわかります。現在もレ

図1
業績推移

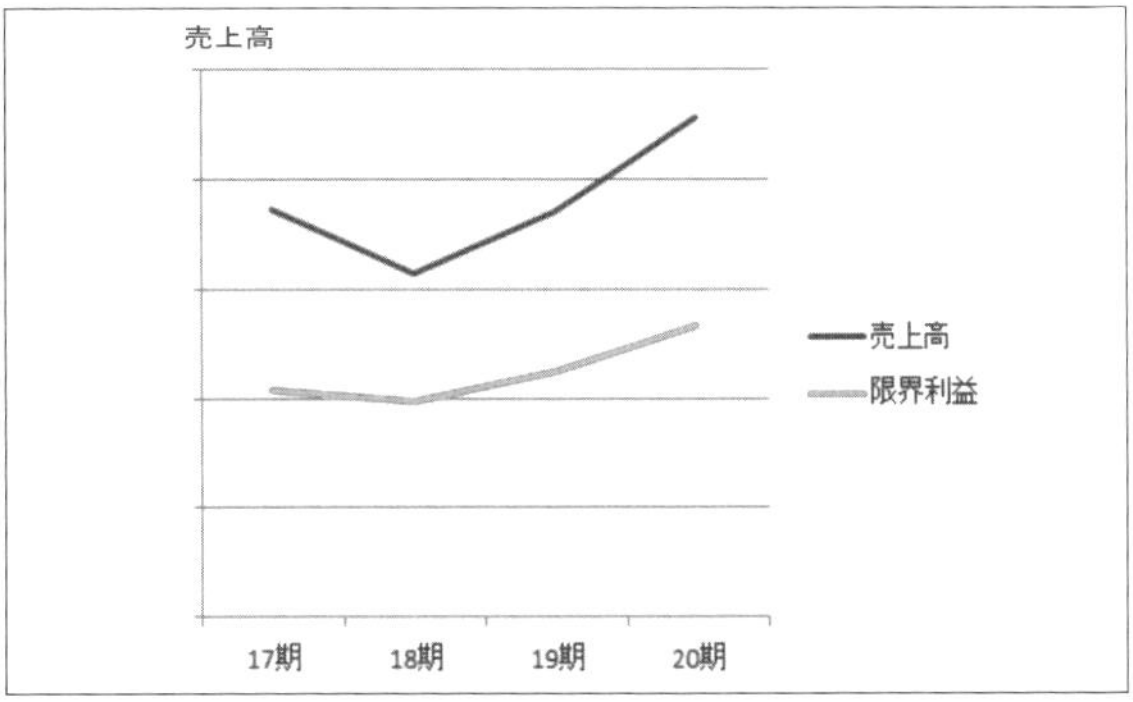

図2
経営健全度

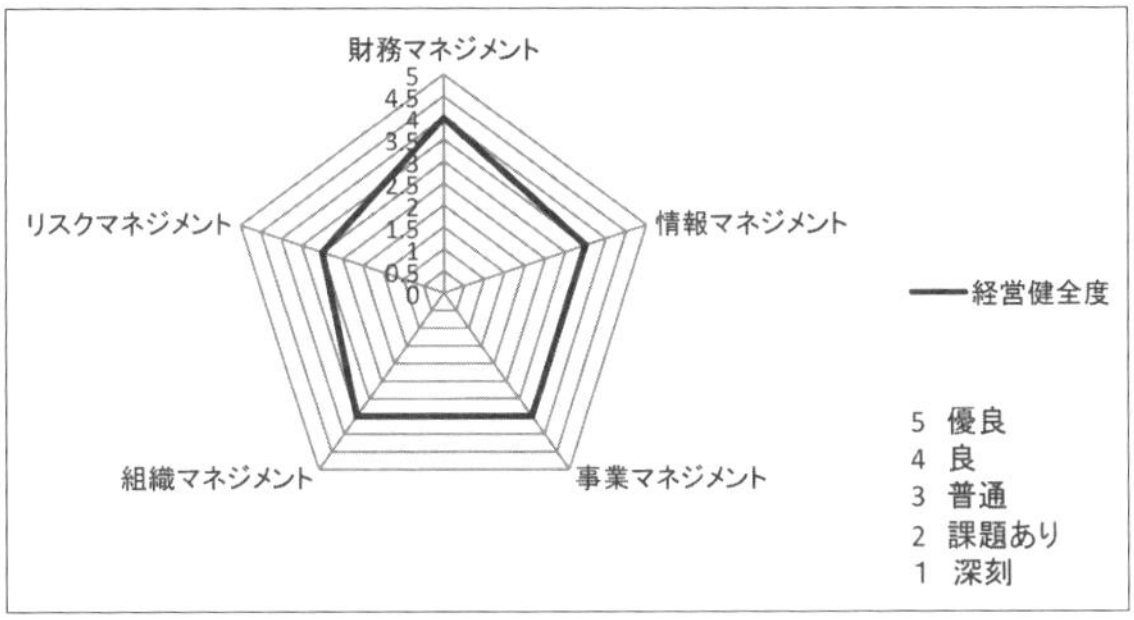

図3
塗装業界指標比較
（平成26年）

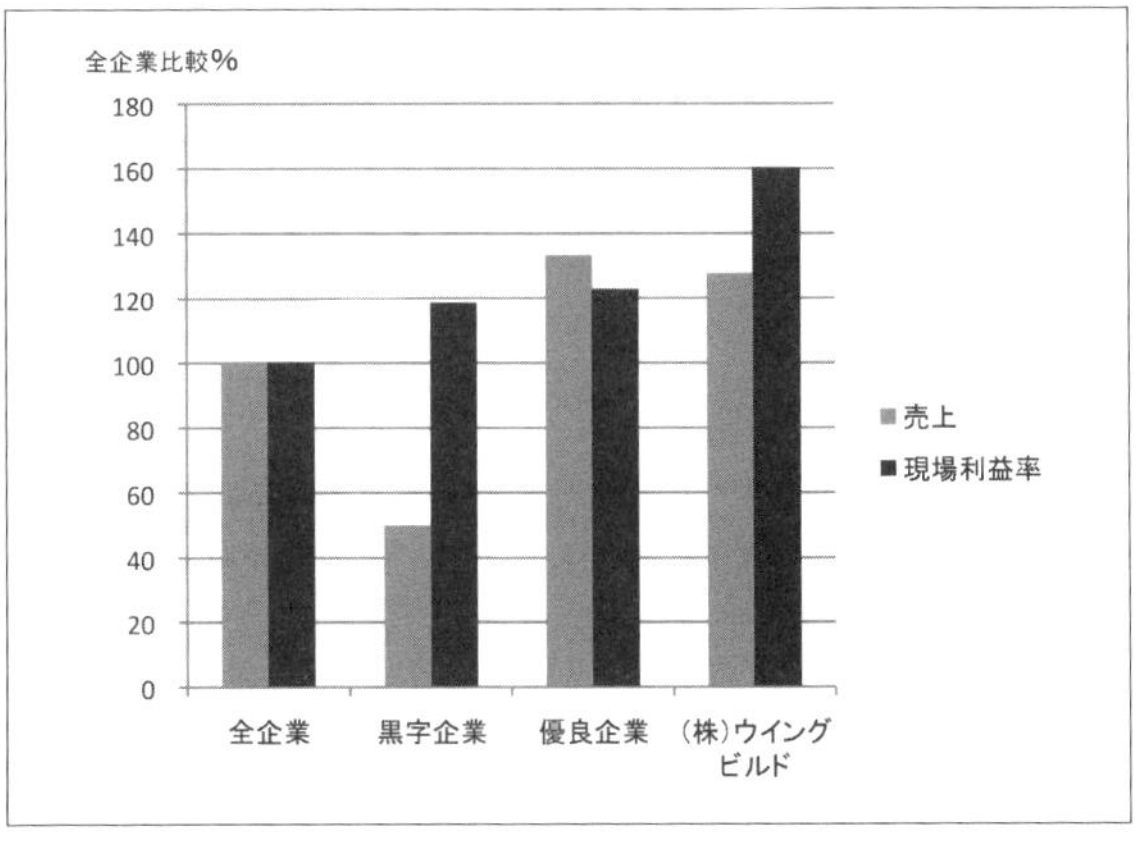

ベル5を目指した経営マネジメントのレベル向上活動に取り組んでおられます。

このように、「塗装後10年保障」も安心していられる、安心してまかせられる企業に変身したのです。同社が活用しているTKCの経営指標で見ても、図3のように塗装業界の優良企業群にはいる業績レベルを達成しています。高い現場利益率は、ぼったくりではなく高い品質と技術、顧客密着の企業努力とそのビジネスモデルからもたらされるご褒美です。このように健全度の高い企業であることは、経営者や従業員にとってだけでなく、お仕事をお任せするお客様にとっても大事なポイントですね。

図4
経営基本構造

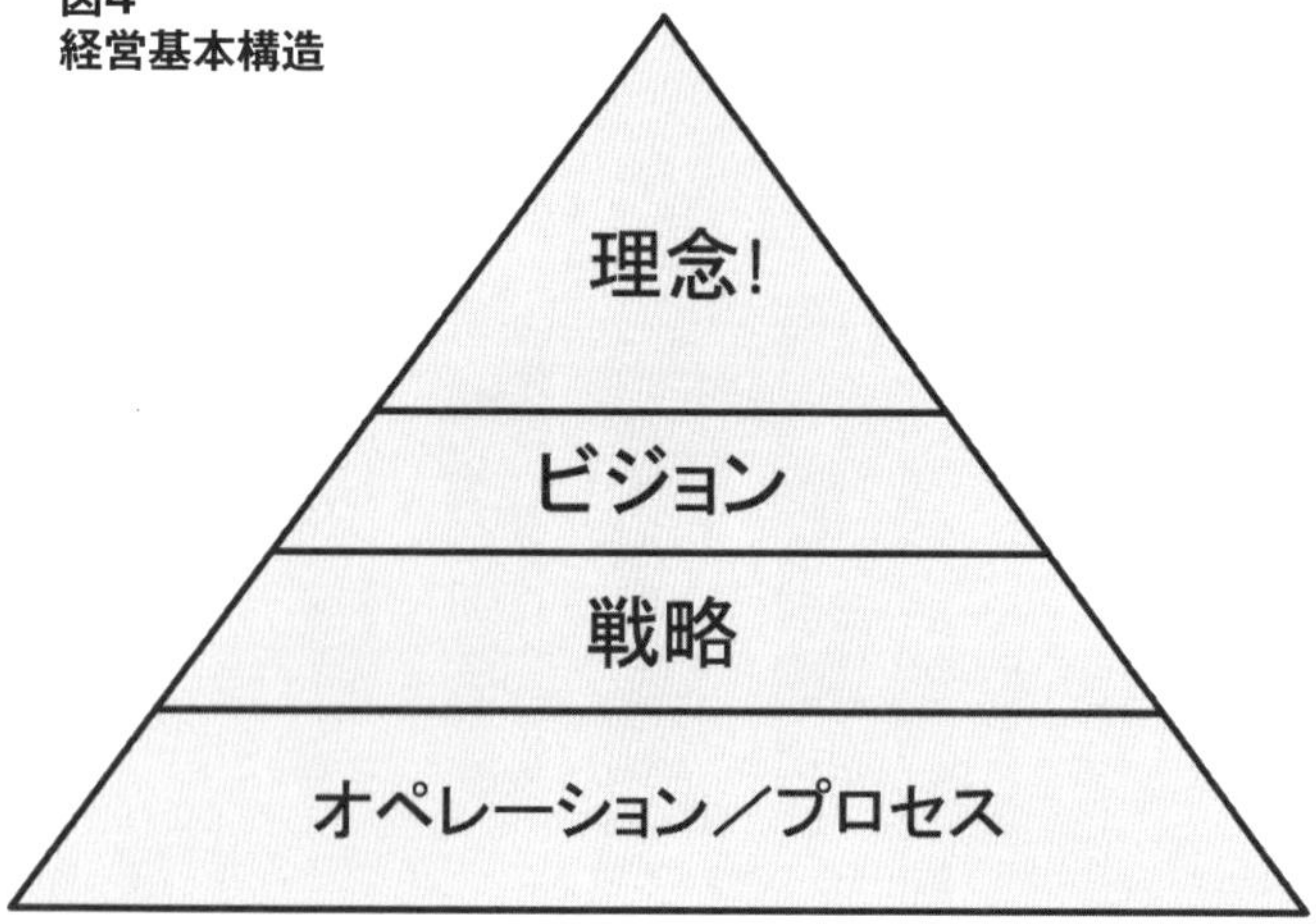

《経営の原理原則を知ろう》

経営原則についての理解は、経営マネジメントを当初神奈川県中小企業同友会で学んだことから始まったとお聞きしています。そのなかでも経営戦略は難しいですが、重要です。企業戦略として成長戦略が、事業戦略として競争戦略が、そして機能別戦略としてオペレーションの効率化があります。ここでは経営戦略を理解するために、図4のような理念、ビジョン、戦略、オペレーション／プロセス（行動）の基本構造を示します。

ではウイングビルドでは、それはどのようであったかを次節でみてみましょう。

❷ウイングビルドの経営理念とビジョン形成（塗伝心：お客中心→地元密着、塗伝士：技術→高い品質）

図4の上から順に下へと見ていきます。最初が経営理念です。ウイングビルの経営理念の中核となるものが「塗伝心（ヌリデンシン）」とあらわされていますが、「塗って伝える心、塗って伝わる心」を表す造語でありこれは非常にユニークだと思います。経営理念は、一般に企業の個々の活動方針の

もととなる基本的な考え方や社会的存在理由をしめすものとされていますが、7章に説明があるように、ウイングビルの理念は日々の経営の中から肌感覚で絞り出された言葉といえ、たいへん説得力があります。塗装業界のど真ん中に位置をしめて経営する、というハートが伝わってきます。

次に、「ウイングビルドの進む道、そして目指すべき姿」として経営ビジョンを定めています。さらに、ビジョンを体現する塗伝心をもつ職人を塗伝士と称し、理念を体現する活動をどのように考えどのように行動するかの基本となる方針として、「行動規範」と「行動指針」を「お客様への5つの誓い」と「社風づくり」として定めています。「行動規範」が基本方針、「行動指針」は行動規範の趣旨に則った具体的な行動基準を表します。

以上から、ウイングビルドの特徴である「塗伝心→お客中心→地元密着」、「塗伝士→技術→高い品質」がみえてきます。経営マネジメントの定石をきっちり学び生かそうとしているところが、よく見てとれます。

しかし、経営理念やビジョンはそうすっきりと作れるものでもないのです。ウイングビルも経営マネジメントを勉強する中で、理念やビジョンを紡ぎだそうと苦労した日々のなかから、多くの表現を作りました。現在はこのように分りやすい形にまとめられてはいますが、その熱い心と想いが底に流れていることがもっとも重要です。それを、ウイングビルドでは見ることができます。

❸ウイングビルドのビジネスモデルの特徴と戦略（激戦区神奈川中央で顧客満足度トップレベルの秘訣）

上記のビジネスの成功への変化を、ビジネスモデルイノベーションという視点で説明してみたいと思います。

《ビジネスモデルイノベーション》

不動の哲学の理念の上に、事業の目標であるビジョンがあります。この目標にどうたどり着くかの道筋が戦略となり、そしてオペレーションされることで具体的に生み出されるものが製品やサービスとなります。ウイングビルドは、経営転換期でしっかりこの構造を組み立てています。ではこのビジネスの特徴をみてみましょう。図5と図6が、アレックス・オスターワールドらが提唱したビジネスモデルキャンバスといわれる手法で描いたウイングビルドのビジネスモデルです。

図5が「下請けビジネスモデル」で、図6が「元請けビジネスモデル」です。

激戦区神奈川中央で顧客満足度トップレベルの秘訣はこの本のいたるところに、ちりばめられているのですが、ここでは経営転換期にビジネスモデル図5から図6へと大きく舵をきったところから始

図5
下請け型ビジネスモデル

（パートナー）	（主要活動）	（価値提案）	（顧客との関係）	（顧客!セグメント）
孫請け	派遣業務 人間関係	低単価金額 X（業務能力＋業務ノウハウ） 元請けの組織文化に対する理解	補完関係	建築元請け
	（リソース） 職人		（チャネル） キーマン	
（コスト構造） 人件費コスト 外注費（孫請けがある場合）		（収益の流れ） 単価X工数 （=単価X職人の頭数X期間）		

図6
元請け型ビジネスモデル

（パートナー）	（主要活動）	（価値提案）	（顧客との関係）	（顧客!セグメント）
塗装材料サプライヤー	顧客獲得 職人育成	塗装サービス元請け （美しい住まい、暮らしの彩）	地域密着	個人
	（リソース） 自社職人		（チャネル） チラシ セミナー WEB	
（コスト構造） 顧客獲得コスト 人件費コスト 材料コスト		（収益の流れ） 塗装費・材料費		

まっていることを指摘したいと思います。図5の下請けモデルでは、直接のお客様は元請け企業となってしまいますし、エンドのお客様とは遠い関係なのです。それに対して直接顧客と関係を結ぶ元請けビジネスモデルを選択することで、高い品質×地元密着を実現できたのです。このようにウイングビルドのビジネスモデルは顧客提供価値に特徴を置いたものです。ビジネスイノベーションは、塗装業でも必要ですし、おこすことができるのです。

《競争戦略》

そして、このビジネスモデルでとった戦略が、M・E・ポーターの競争戦略でいう集中戦略（特定の地域市場とか企業の資源を集中する戦略）であり、また田岡のランチェスター競争戦略で言うところの「弱者の戦略：地域密着の競争戦略：①ニッチセグメント特化、②セグメントマーケットNo・1」でした。

お客様の目から見たら自分にしっかり寄り添っていただけるのですから、家族のような企業ですね。結果は、図7に見られるように、商圏分析でもしっかり塗装専門店での地域密着が見て取れます。図7では、本店から5㎞圏内で85％のそして8㎞圏でみれば98％のお客様を持っています。図8は別の分析資料ですが、本店のあるのは綾瀬市ですが、市場ポテンシャルとしては、この周りにある藤沢市、

図7
商圏分析

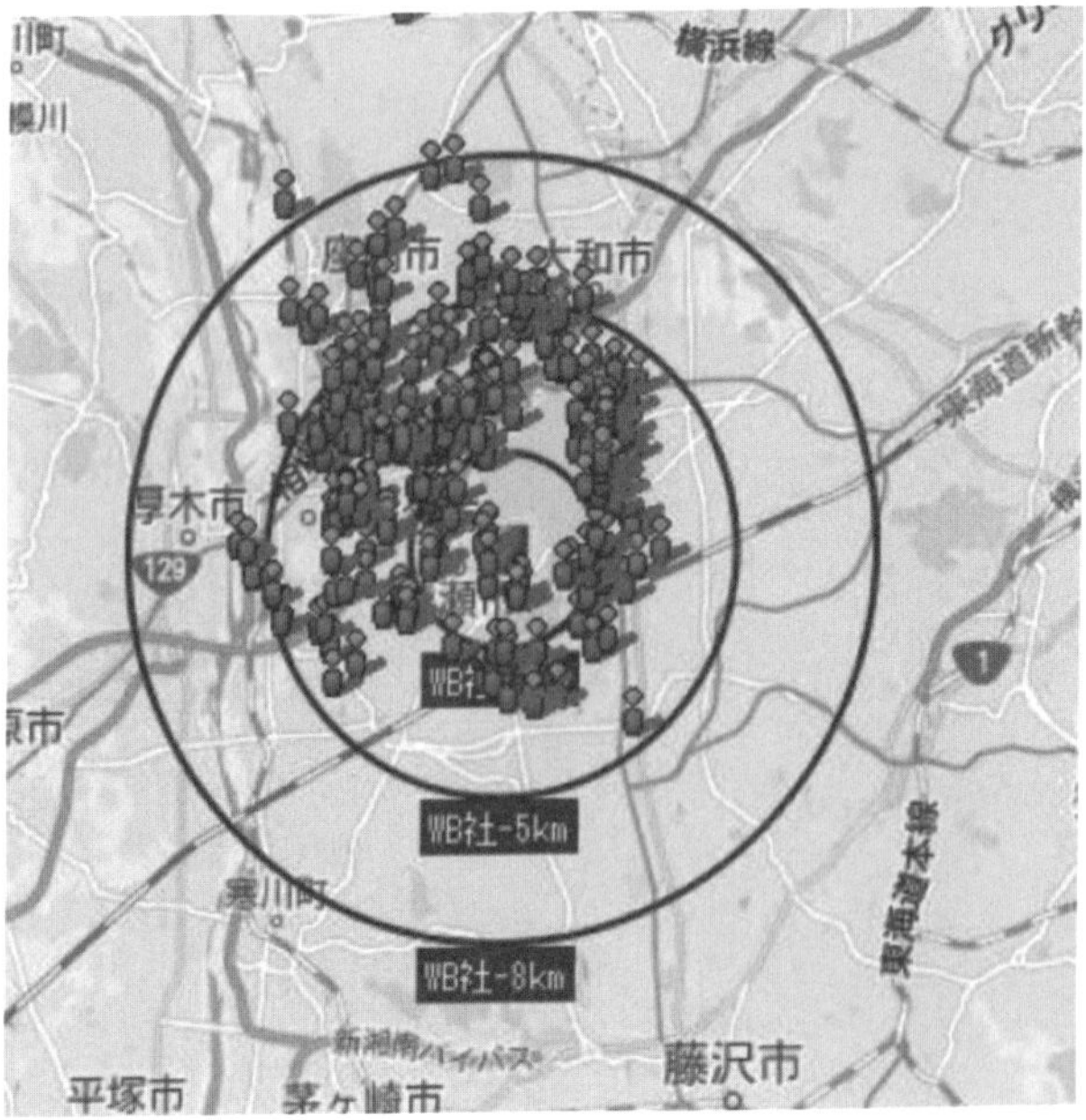

図8
地域市場ポテンシャルと
市場獲得割合

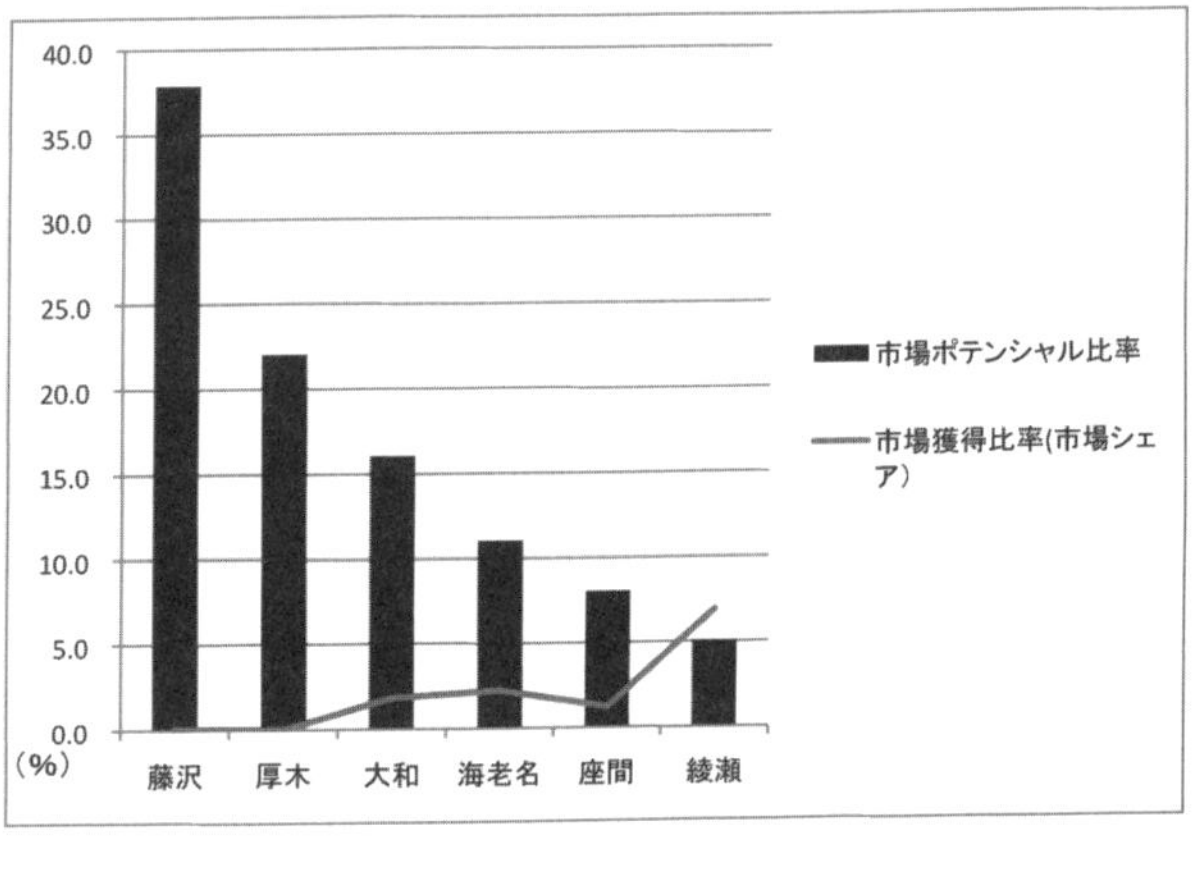

厚木市の市場ポテンシャルが実際は大きいのです。それにつづいて、大和市、海老名市、座間市、綾瀬市の順です。しかし、ウイングビルドのお客様獲得率は、綾瀬市がトップです。そして、大和市、海老名市、座間市からお客様を獲得しています。まさに地域密着での地域No・1企業の典型であることがわかります。需要が大きいからといって、会社からはなれた藤沢や厚木から攻めたのではなく、まず地元でNo・1になるという戦略の結果なのです。

《マーケティング戦略と顧客選好》

具体的に市場を創造するマーケティングの視点からウイングビルドを見てみます。ターゲットセグメントは、「綾瀬市、大和市、海老名市、座間市」でした。そして、コトラーのマーケティングでいう競争優位の

図9
ポジショニングマップ

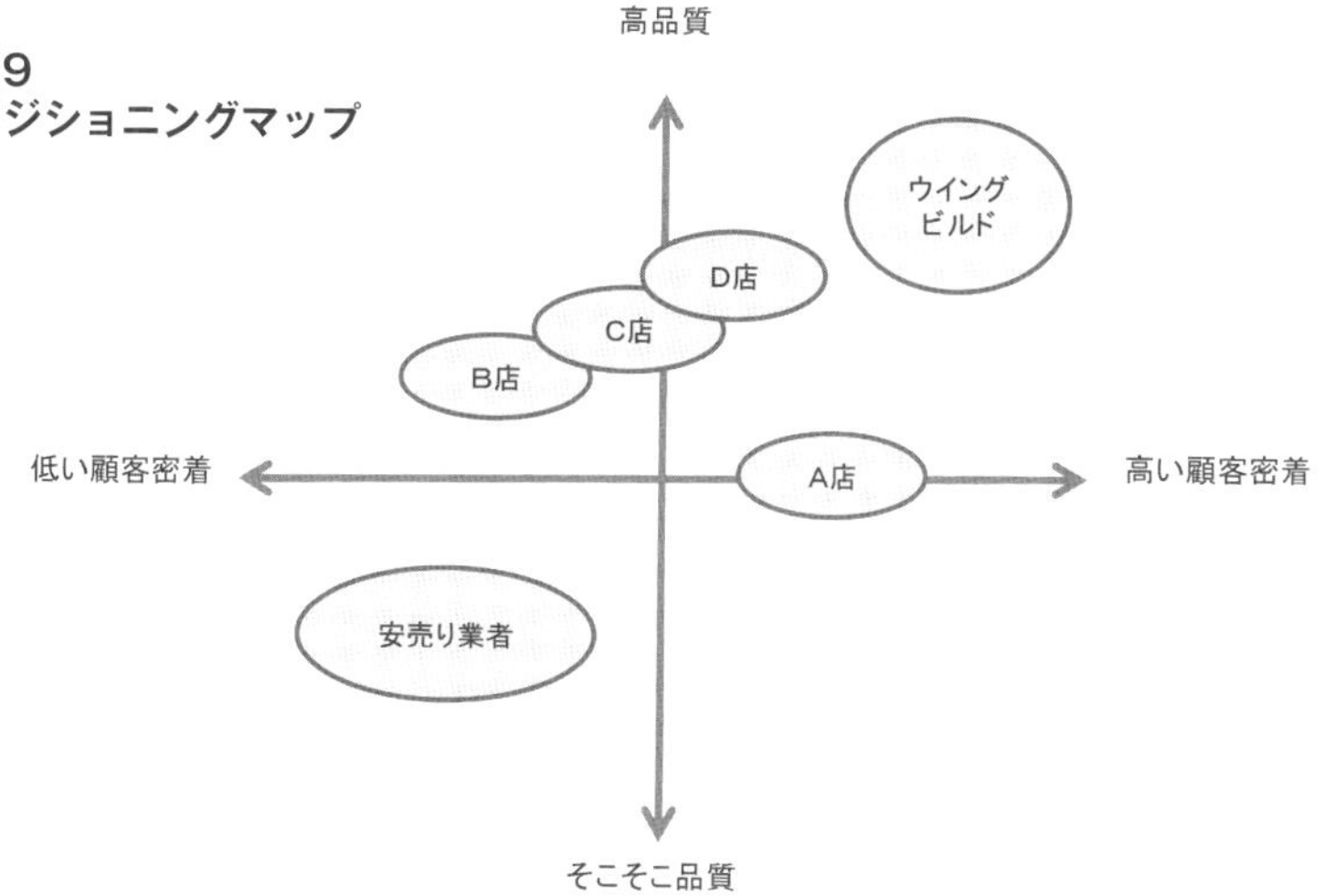

ためのポジショニングでは、売り（差別化）である顧客密着度×高品質のサービスでしっかり、位置取りをしています。この製品ポジショニングとは、お客様が製品（サービス）の重要な属性をどのように定義しているか、つまり競合品との比較においてその製品（サービス）がお客様の意識のなかでどのようなポジションを占めているかを意味します。図9がポジショニングマップの例です。主たるプロモーションは、これまでは、これらターゲットセグメントに対するチラシ配布と塗り替えセミナーです。セミナーでお客様に塗り替えを失敗させないポイントを教えることを通じてのコミュニケーションや、商品でなく人を売る、つまり塗装材料の品質を売るのではなく、高い塗装技術・職人を売っているといえます。この結果は、お客様の声である図10の太鼓判の分析からもわかります。また、想いを伝えるための表現の魅力化の取り組みとして、

図10
お客様の声の分析

332件中

なにに感動しているか＝当社のウリになる言葉	プロセス品質（無形のサービスを有形化）（人の評価）	「丁寧な説明、対応だった」 「見えないところまで誠心誠意をもってやる」 「〇〇さんの〇〇に感動した」など	325
	出来上がり品質	「姉のところでやって、8年たつのにいまだにきれい」 「仕上がりがすべてだが、よい」 「手際の良さで、素晴らしい」など	4
	コストパフォーマンス	「安くて、出来上がりが良い」	1
	リピート	「リピートしたい」 「また、お任せしたい」 「次もぜひ」	2

漫画チラシや動画で効果的に伝えるということを始めています。

つまり、自分の良さやウリを知ってもらわなければ、また信じてもらわなければ選ばれないのです。その努力を、ウイングビルドはやっています。

ここで、「自分の会社がお客様から選ばれる理由（顧客選好度）」は、スモールビジネスの岩崎モデルで言われる3要因である①本格志向（高技術、高品質、こだわり、個性）、②顧客関係性（地域、地元、口コミ、関係性、絆、顧客維持、愛顧）、③人的コミュニケーション（人を通じた情報の伝達、情報のキャッチボール、フレンドリーサービス）が、この業界でも成り立っていると考えます（図11）。このモデルでは、①本格さは③人的コミュニケーションを介して効果を発揮しています。つまり、単に①の専門性やこだわりを追求するだけではお客様を惹きつけることは難しいということです。

もちろん売りは①の本格さなしではできません。①の本格さを、②顧客関係性と③人的コミュニケーションの融合で訴求していくことが重要です。ウイングビルドでは、セミナーによるコミュニケーションや、実作業での職人の対応がうまくかみ合って③を実現していると言えます。いずれにしても、3要因のバランスと順位が非常に重要です。

さらに、このモデルは次のように見ることもできます。①本格志向が技（塗伝士）、②顧客関係性が体（絆、ネットワークでの集まり）、そして③人的コミュニケーションが心（塗伝心）というものです（図12）。つまり、ウイングビルドは、心技体を地元密着で実現する企業として成功しているのです。

図11
中規模店選考に関する因果モデル（岩崎モデル）

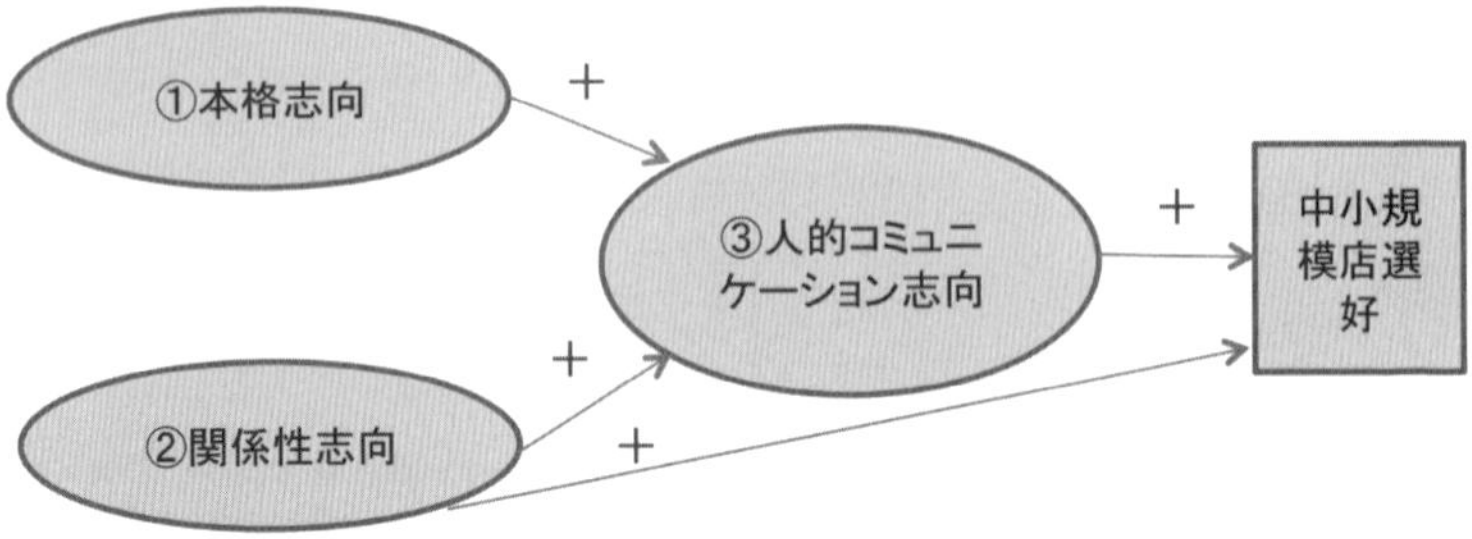

図12
ウイングビルドの心技体モデル

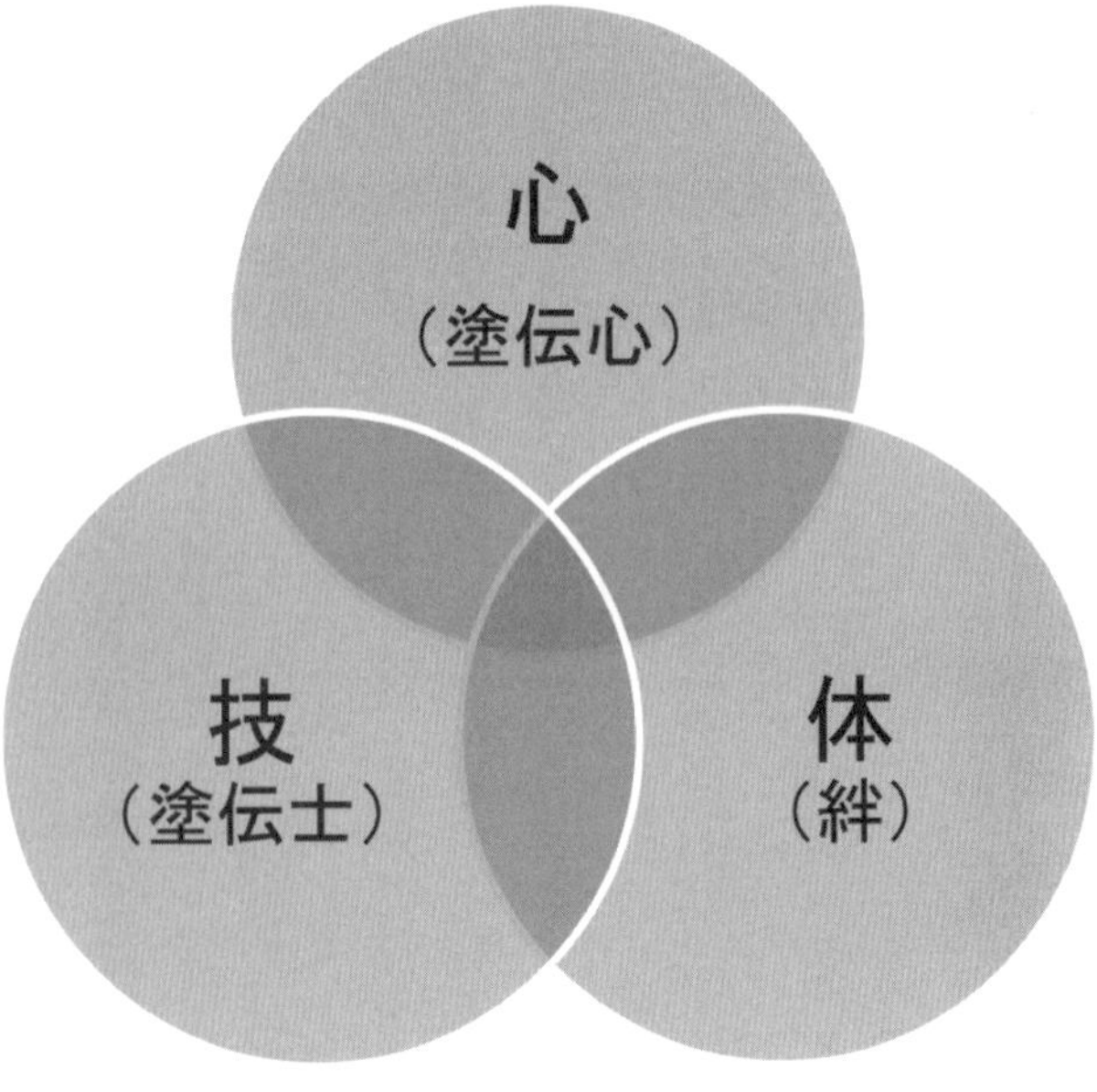

❹塗装業界を日本で一番魅力的な業界にする夢に向けて：全国の地域に塗伝士のネットワークを作る

ウイングビルドのビジネスモデルは、小さくとも地域No・1の元請けとなるビジネスモデルでした。そして、小さいなりに若者にも夢を与える企業となりました。

では、今後はどのように成長していけばいいのでしょうか。

ビジネスモデルから見たときに重要な視点に、エリック・リースの言う⑴製品やサービスが本当に価値をお客様に提供できているかどうか（価値仮説）と、⑵新しいお客様が製品やサービスをどうとらえるか（成長仮説）があります。

価値提供の視点でいえば、自社職人集団（塗伝士）を育成し、高い技術とサービスを提供し、地元のお客様としっかりコミュニケーションをとることで、今後も価値は提供していけるでしょう。では、どのように成長していくかです。それは、「全国有志達とのアライアンスにより活動範囲を拡大させて行く計画」という言葉にヒントがあります。理念と想いを同じにした仲間の連携は、いたるところに図12のウイングビルドができるということです。

ウイングビルドでも、本体をそのまま大きくするのではなく、現場密着のウイングビルドを別の地域につくる形（支店開設など）での成長が必要です。図12の①の職人はすぐ異動できても、②と③はその地域々で形成しなければなりません。時間もかかります。それができることが、このモデルの特徴です。全国の地元密着でのビジネス展開をしてみたい同業の方、想いが同じ方はたくさんいるかと思います。ここでは、その方々も「塗伝士」と呼ばせていただきます。

この本が契機で、全国各地域に塗伝士がたくさん誕生して、現場密着でお客様とコミュニケーションをとり価値を提供する。そして、その塗伝士どうしがコミュニケーションのネットワークをつくる。このようなアメーバ状での広がりとリンクができれば、塗装業界も面白くなるでしょう。そうなれば、塗装業界を日本で一番魅力的な業界にする夢もけっして夢ではないと思います。この本の出版がこの夢の実現の一助となると信じています。

中小企業診断士・日本生産性本部認定経営コンサルタント　青沼充

プロフィール

神奈川県中小企業診断協会正会員、日本生産性本部国際協力部参与。

大手情報機器メーカーをへて経営コンサルタントへ。

SI企業、精密機械企業、菓子製造企業、輸入卸企業、製本企業、翻訳企業、塗装企業、など多くの企業での経営診断を実施。

また、JICA専門家として、海外発展途上国メンバーへの研修、指導を行っている。

（本寄稿文へのご質問は、aonuma.consultinglab@gmail.comへ）

参考文献：
(1) アレックス・オスターワールド&イヴ・ピニュール（2012）、「ビジネスモデル・ジェネレーション」翔泳社
(2) エリック・リース（2012）、「リーン・スタートアップ」日経BP社
(3) M・E・ポーター（1982）、「競争の戦略」ダイヤモンド社
(4) 福田秀人、（2008）、「ランチェスター思考」東洋経済
(5) フィリップ・コトラー&ゲイリー・アームストロング（2003）、「マーケティング原理第9版」ダイヤモンド社
(6) 岩崎邦彦（2004）、「スモールビジネス・マーケティング」中央経済社

塗装の真髄を体現し続けている塗装専門店

かねてから綾瀬市にすごい職人社長が居ると聞いておりました。それがウイングビルド代表の若林均代表親方、代表取締役でした。かれこれ若林社長とのお付き合いも10年近くになりますが、終始一貫としておりますのが、工事品質への妥協なき取り組み姿勢、職人育成への情熱、お客様への満足度追求の精神、１件1件の原価管理の徹底です。

工事品質の追求が深いいわゆる「職人気質」の親方はどうしても、工事品質以外のことには目が行きにくいものですが、若林均代表は、常に細かなことへの気配りをおろそかにしない方です。
ご本人曰く、「小心者だから…」と大柄な体でおっしゃられるものの、愚直な努力の人と思います。

塗装店経営においては、工事品質、職人育成、お客様満足度の追求、原価管理、これらどの要素が欠けてもうまく行きません。
私たち日本建築塗装職人の会は、「地域に根付く職人仕事と日本の心を守る」という理念を掲げて全国組織として活動をしておりますが、まさに文字通り体現されておられたのが若林代表でした。

日本建築塗装職人の会では、日本全国4000社以上の塗装店の方と面識がございますが、若林社長のような方は正直稀でございます。地元のお客様のためにも、この建築業界のためにも、ウイングビルドの皆様、若林社長をこれからも応援してまいりたいと思っております。

日本建築塗装職人の会　**会長　青木 忠史**

■青木忠史（あおきただし）

元警察官。業界最大級の任意団体、日本建築塗装職人の会を経営指導者として運営する。建築塗装業界にて職人技術の伝承運動が評価され、2012年8月には37歳の若さで「社会文化功労賞」を受賞。職人仕事に携わった経験から、21世紀を担う若者育成事業も手掛けており、ゆとり世代への自己啓発書「自分探しで失敗する人、自分磨きで成功する人」も出版。たちまちベストセラー。テレビ取材なども多数。

第9章

Webコミックでも話題に!?

なぜウイングビルドが選ばれるのか
ウイングビルド「塗伝士」（職人）紹介

「塗伝心」の誓いを共有する頼もしき仲間「塗伝士」たち

たくさんのお客様から選ばれるウイングビルドの強さの秘密は？

なぜ低価格でお客様の「太鼓判」が貰えるのか？

それは、もう説明するまでもないことですが、私が掲げた経営の指針や「塗伝心」（塗って伝える心、塗って伝わる心）という、真心から塗装の仕事を愛し、それをお客様に伝え、翻って私たちをまた強くしてくれるという価値観や志を同じくする仲間たち＝塗伝士（塗装職人）たちがいるからこそです。

そして、私たちウイングビルドがなぜ、激戦区神奈川県中央部で、トップレベルになれたのか？

その秘密は、以下にあると考えています。

一、ハイパー職人塗伝士による自社完全責任施工によるコストダウン。安心納得できる価格

二、「お客様満足調査〜見積〜打合せ〜近隣挨拶〜施工〜完了〜アフター」の天使サイクル

三、塗装業界初のシステム管理

四、お客様視点からお客様と共に創り出す塗り替え工事

五、「塗伝心」で正しい施工指示のお約束

六、ハイパー職人を目指した日々の教育

七、塗装業界を日本で一番魅力的な業界にデザインする

ウイングビルドの「塗伝士」(塗装職人)たち

ここで、仕事を実行する大切なウイングビルドの「塗伝士」たちを紹介いたします。

若い者からベテランまで、有能でやる気のある仲間たちです。若い者は、私の若い頃と同様、少しばかりヤンチャですが、お茶目で、仕事に誠実に取り組むこれからが楽しみな者がたくさんいます。

お見知り置きのほど、よろしくお願いします。

塗装一筋15年のカリスマ塗装職人

神崎 隆一

ハイパー職人塗伝士親方

■塗装歴15年
■1980年5月16日生まれ
■神奈川県出身／35歳

職業訓練指導員一級塗装技能士
足場作業主任
有機溶剤
職長安全教育責任者

外壁塗料販売施工全国ナンバー・ワンのエスケー化研株式会社が選ぶ、カリスマ職人の証「優良技能者賞」を受賞！ 「仕事で譲れないものは、お客様へ不安を感じさせないようにする気配りと、職人仲間への配慮。もう一つは、物を大切にすること」。
実は、料理の腕前もプロ級！ 特にカレーライスは、1日かければ有名店の味も出せるほど！ 高校時代は、野球一筋で甲子園にも出場経験あり。神奈川県大会では、あの松坂大輔投手との対戦経験もある！ 後輩思いの必殺仕事人。

お客様へのメッセージ

「いい仕事をして、お客様から“ありがとう”と言われた時の喜びは、お金では買えませんね」

綺麗な現場にこだわるマナーの達人！

山田 俊介

ハイパー職人塗伝士親方

■塗装歴6年
■1980年7月25日生まれ
■神奈川県出身／34歳

一級塗装技能士
足場作業主任
有機溶剤
職長安全教育責任者

神崎さんと同じ高校で、同じ野球部だった、こちらも元甲子園球児のキャリア12年 山田さん。「現場の綺麗さ」に徹底的にこだわるその姿勢が評価され昨年見事「優秀マナー賞」を受賞！　施工もマナーもキッチリ。休日は少年野球のコーチで息子さんと一緒に汗を流す、今年33歳の二児のパパ。

お客様へのメッセージ

「きれいな現場に命懸け！」

お客様満足度大賞受賞のガッツマン

田辺 龍太郎

ハイパー職人塗伝士

■塗装歴5年
■1987年7月生まれ
■神奈川県出身／27歳

一級塗装技能士
足場作業主任
有機溶剤
職長安全教育責任者

細かい所の作業が、とても上手で丁寧な田辺さん。顔は、ちょっぴり童顔だけどすでに職長としての風格漂う27歳。現場では、黙々と仕事に励む一方、お客様との会話も大切にするお客様満足度大賞の気配り名人です。休日は、趣味のバイク整備に熱中。

お客様へのメッセージ

「お客様からの『ありがとう』でまたがんばれます」

コツコツ努力派職人

北村 諒平

職長

■塗装歴3年
■1992年9月22日生まれ
■神奈川県出身／22歳

足場作業主任
有機溶剤
職長安全教育責任者

とにかく努力派。どんな仕事でもコツコツ一生懸命。夢は、１日も早く神崎職長のような頼れるリーダーになること。既に現場では「高圧洗浄のプロ」と、先輩たちもその腕前には脱帽するほど。お客様との会話が大好きないつもニコニコの爽やかな好青年。

お客様へのメッセージ

「小さなことからコツコツとやっています」

キャリア7年の誠実･思いやり職人

日極 俊介

職長

■塗装歴5年
■1987年7月24日生まれ
■神奈川県出身／27歳

足場作業主任
有機溶剤
職長安全教育責任者

誰よりも周りを良く見て、すぐにサッと行動を起こす気遣い職人日極さん。野球で培われた誠実さと思いやりの心を持って現場を仕切ります。誠実で後輩思いの性格は、先輩、後輩からも信頼され頼りになる存在。新婚ホヤホヤ、家族も増え新しいスタートを迎えます！

お客様へのメッセージ

「奇麗になったと満足して頂けるように
一生懸命やらせて頂きます！」

若手のホープ　ガッツあふれる職人

佐山　駿　職人

■塗装歴1年
■1998年5月25日生まれ
■神奈川県出身／17歳

会社のビジョンをよく理解し、自分のやれる事を一生懸命やるガッツあふれる職人。

スポーツ全般、サッカーのウンチクは神崎リーダーをも上回る！

お客様へのメッセージ

「御客様を思う気持ちと、朝のあいさつは誰にも負けません！」

キャリア8年のクールな仕事人

大竹　洋　職長

■塗装歴8年
■1986年6月22日生まれ
■神奈川県出身／28歳

足場作業主任
有機溶剤
職長安全教育責任者

後輩からの信頼もあり。お客様へのアドバイスなど頼りになる職人さん。

太鼓判通りの仕事をするナイスガイです！　家族を大切にする２児のパパ。

プライベートでは田辺職長ととても仲がいいです。

お客様へのメッセージ

「お客様の『笑顔とありがとう』が僕の自信になります！」

ボディームキムキ！　笑顔のステキな職人

澁川 将拓　職長

■塗装歴7年
■1992年6月15日生まれ
■神奈川県出身／23歳

足場作業主任
有機溶剤
職長安全教育責任者

　まだ若いですが職人歴が長いです、素晴らしい技術をもち！　ハウスメーカーも大絶賛！　このスキルを存分にお届けします。

　身長は小さいが、ボディーはムキムキ！スタミナも凄い。がっ……虫がまったくダメみたいです（笑）……。

お客様へのメッセージ

「綺麗かつ細部まで一生懸命やらせて頂きます！」

期待の星！　スーパールーキー

若林 良馬　職長

■塗装歴1年
■1992年7月5日生まれ
■神奈川県出身／22歳

足場作業主任
有機溶剤
職長安全教育責任者

　親父の背中を誰よりも見てきた息子が！　ついにウイングビルドに現れた！　現場のことや対応など素晴らしく！　任せられる職人さん、これからは受注や現場調査など勉強しオールラウンドプレイヤーで頑張ります。

　高校野球もやっていたため（笑）、かなり熱い男です！

お客様へのメッセージ

「気になっている事があれば言って下さいね！
一生懸命ただそれだけです！」

色彩のセンス抜群！　色分け名人

秦野 督也　職長

■塗装歴9年
■1988年3月2日生まれ
■神奈川県出身／27歳

足場作業主任
有機溶剤
職長安全教育責任者

色彩のセンスあふれるキャリア９年の職人です。
破風・樋など、色のバランスが難しいときは!!聞いて下さいネ！　とても明るく、優しい人柄がそのままです！

お客様へのメッセージ

「色分け現場など得意です、一生懸命がんばります！」

笑顔と大きな声、元気一番の職人

奥田 敬彦　職長

■塗装歴4年
■1990年8月27日生まれ
■神奈川県出身／24歳

足場作業主任
有機溶剤
職長安全教育責任者

屋根を語らせたら右に出るものがいない屋根屋さん出身の塗装職人。とにかく大きな声で元気に挨拶する姿勢は、ご年配のお客様からも多数のお褒めの言葉をいただくほど。愛車の洗車が特技なだけに、現場もピカピカです。

お客様へのメッセージ

「お客様の想う完璧な仕事をお約束します！」

正確なリフォーム見積りのプロ！ お客様の夢先案内人

春山 正義

■営業経験29年
■1960年1月16日生まれ　■神奈川県出身／55歳

「こんにちは～、お問合せくださいましてありがとうございました。早速、建物診断させてもらいますね、お母さん」と、いつも明るい笑顔を絶やさない春山部長。

「リフォーム（塗り替え）って、材料や値段で仕上がりの良し悪しが決まるもんなんかじゃないんだよね、実は。まずは、しっかりお客様の想いを聞くこと。たとえば、『なんで塗り替えをしたいのか』『ご家族がこのお家にどんな思い出を持っているのか』なんかをトコトン聞かせてもらえば、プロとしてやってあげなきゃならない工事内容は、自然と提案できるものなんです」と語る春山部長。

この道30年の大ベテランは、様々な現場を経験しているから、穏やかな口調の中にも自信がうかがえます。営業畑ながら建築学科卒の匠で現場にも明るく施工管理のプロでもある。「優秀工事管理者賞」を受賞している。好きな有名人は「矢沢永吉さん」。「永ちゃんみたいな男らしさに憧れます」とのこと。趣味は多く、スポーツ観戦やスキー、釣り、切手収集など。特技は、4段の腕前の書道とモノマネ（昔ラジオに出たこともあるとか……）。

お客様の夢先案内人です。

お客様へのメッセージ

「ウイングビルドの一番良いところは、なんと言っても職人たちの心意気です。安心してお任せください！」

職人たちをバックアップする ウイングビルドのマドンナ

若林 由里

■塗装歴23年
■1967年7月27日生まれ
■神奈川県出身／47歳

愛情一級士
（簿記三級）

ウイングビルドの紅一点は、若林社長の奥さんにして、職人たちのおかみさんとも言える由里さん。事務所はいつもお花でいっぱい、きれいで明るい雰囲気をつくる縁の下の力持ち。なんといっても、毎日疲れて帰ってくる職人たちは、由里さんの笑顔のお迎えで癒されています。お料理の腕前もプロ級。しかも家庭の味で職人たちにも大好評。是非、ウイングビルドのマドンナに会いにきてくださいね。

お客様へのメッセージ

「職人さんが良い仕事ができるように、そしてお客様のたくさんの笑顔と出逢えるように、毎日がんばっています」

最高の塗伝心を

戸田 幸汰 職人

■塗装歴1年
■1994年12月8日生まれ
■神奈川県出身／20歳

職長安全
教育責任者

いちばん強く心に響いたのは、「塗伝心」という言葉。「塗って伝える心塗って伝わる心」この言葉を毎日心掛け取組続けることで着実・正確・迅速に仕事ができるようになりお客様に喜ばれるハイパー職人を目指します。僕の塗伝心で、楽しく元気にお客様を喜ばせ会社を盛り上げていきます！

お客様へのメッセージ

「経験はまだまだ浅いですが、非常に努力家でみんなのサポートで頑張っています」

若い人を引っ張っていく、頼れる「アニキ」代表親方！

ウイングビルド代表親方
若林　均

■塗装歴24年
■1967年3月3日生まれ
■神奈川県出身／48歳

二級建築士
二級施工管理技士

24年前に、せっかくやるなら、この建設業界の中で、誰も届かないほど高く雄大に、「翔建（ウイングビルド）」したいという願いを込めて、塗装店の名前を「ウイングビルド」としました。ウイングのWINは、お客様・社員・地域とWINWIN（みんな勝利･みんな満足）の関係、ビルド（建物）をサポートする思いも込めています。ひな祭り生まれの、心優しく力持ち、若い人から慕われる頼れるアニキを目指しています。

お客様へのメッセージ

「塗装業界でこうした単行本は
初の刊行だそうです！
自分の知ってる情報はどんどん公開します！」

第9章
なぜウイングビルドが選ばれるのか　**ウイングビルド「塗伝士」(職人) 紹介**

あとがき

父の遺言が教えてくれた〝本物の外壁塗装〟とは……

「いつか我が家を塗り替える時には、均《ひとし》（私・若林均のこと）の会社に頼もう」

今から一七年前（私がまだ二九歳の頃）に六一歳の若さで急逝した父が、生前、母に話していた言葉だそうです。「私にではなく、私の〝会社に〟……」。

父が他界して何年か経った後にいよいよ実家を塗り替えることになりました。母から聞かされた「私の会社に」の意をくんだ私は、まず「両親がこの家（実家）を購入した時の気持ち」や「家に対する想い」、「塗り替えをやろうとしたきっかけや目的」等を母にトコトン聞き出すことから始めました。理由は、自分から社員（職人）に工事のポイントを伝達するためでした。

しかし、母の話を聞けば聞くほど、そこには、その話に引き込まれ感動している自分がいました。

「こんなに思いの詰まった現場をこれから塗り替えるんだ」

その後、私は、この感動をそのまま職人たちに伝え、段取りを依頼しました。すると普段はあまり言うことを聞いてくれない彼らが、全員で話し合い、自らがアイデアを出し、最高のおもてなし工事について考え始めてくれたのです。彼らにも、父や私の思いが伝わった瞬間でした。

いよいよ工事開始。なんとその「思いの連鎖」は、今度は、母にまでフィードバックして伝わっていきました。母は、毎日現場ではつらつと作業する職人たちの姿に感激し、自らも作業内容に関してのコミュニケーションはもちろんのこと、三度のお茶出しに始まり漬物出しや、時には夕飯のご馳走まで、本当に心から職人たちへのおもてなしをしてくれました。少々やり過ぎの感はありましたが、母にしてみればすべて自然の行動だったようです。職人たちの思いは、確実に母に届いていました。

まだまだ続いた「思いの連鎖」。最後には、私の女房にも伝わっていったのです。実は、私たち夫婦は、父が他界した直後に一度、母と同居をしたことがあったのですが、なかなかうまくいかず、すぐに別居してしまった苦い経験がありました。その女房が、この実家の塗り替え工事が始まって以来、毎日満面の笑みで事務所に戻ってきて母のことを話す職人たちの姿を見て、彼女自身が子供を連れて、せっせと実家の母の所に顔を出してくれるようになったのです。

「均の会社に頼もう」。たったこの一言から始まった塗り替え物語。

終わってみれば会社も職人も母も女房も、もちろん私も、そこに関係するすべての人たちが思いを共有して、そして一つになって見事完成させた、まさにおもてなしの証です。

たかが塗り替え、されど塗り替え。塗り替えリフォームには、絆を結び付ける底知れぬパワーがあったのです。あれから一七年。私は、このパワーの虜《とりこ》です。

とは言え、これまでの道のりは決して順風満帆だったわけではありませんでした。

「手抜き工事が起こる原因」は、すべて私にありました……。

創業した当時（今から二十二年前）、私は無我夢中で仕事をしていました。いただける仕事はすべて幸せなこと、嫌な顔ひとつせずに喜んでお受けしていました。

でも当然、体は一つ。仕事をこなすためには、信頼できる仲間に声を掛け、手分けをして工事を進めるしかありませんでした。案の定、多くの現場で〝手抜き工事〟が頻発。信頼していた仲間のはずなのに……。

しかし一番いけなかったのは当時の私です。「見て見ぬふり」、仕事に追われていた私は手抜き工事を知りながら、それすら注意できない有り様でした。

このままで良い訳がない。一念奮起した私は、人に任せるのではなく「本当に信頼できる職人を自分で育てよう」と心に決めました。そしてもう一つ。「安易に売上やコストを重視するのではなく、お客様の喜ぶ顔が見れるなら〝やるべきことをトコトンやりきる〟そんな想いの共有できる自社職人集団を創り上げる」と決意しました。とは言え自社職人の中にも私の指導力のなさで想いが伝わらず手抜きをしてしまう年配職人が後を絶たないなど、これまでは苦労の連続でした。

「ローマは一日にしてならず」、来る日も来る日も信頼する職人たちに「塗って伝える心と、塗って伝わる心」を熱く伝えてきました。当社ウイングビルドのサイトの写真をご覧ください。赤いシャツの私を大勢の自社職人たちが囲んでくれています。まるで〝日の丸〟の旗のように。今、私の会社の最も誇れる商品は「職人そのもの」です。地域に根付く職人仕事と、日本の心を守る。私たちウイングビルドは、本物の、そして本当の外壁塗装を地域の皆様にお届けする使命があります。

これからも、「安くていい外壁塗装リフォーム」をお届けし続けます。共にがんばる職人たちと……。私共は、リフォーム業界の信頼回復・健全な発展という全国各地の職人と運動を行っておりますが、「初心忘るべからず」、今日もお客様の大切な住まいのリフォームを心を込めて行って参りたいと思っております。

「本来の職人の心は美しい」ということを感じていただくために。

塗り替えリフォームをお考えのあなたの想いは何ですか？

私たちウイングビルドは、地域に根付く職人仕事と日本の心を守るために、本物の、そして本当の外壁塗装を最高の職人たちと共に地域の皆様にお届けし続けています。

本書は、塗装・リフォームをお考えの方のために、最適な業者選びや失敗しない外壁塗装のコツについて、業界の現状やそれに対する私の考え、そして私自身のこの仕事への取り組み方や会社運営の方法などについて、正直に書いたつもりです。

本書が、そうした塗装・リフォームでお悩みの方の参考になり、さらに業界の近代化、正常化のための一助となれば、幸いです。

最後になりましたが、以下の方たちに心から感謝をしたいと思います。

長年にわたり公私ともども支えてくれた妻、家族、友人たち。そして、社員のみんな。

もちろん、取引先や協力業者の方々、仕入れ先（塗料メーカー・販売店）の皆さまにも。

神奈川県中小企業家同友会　経営指針作成部会メンバー。

日本建築匠士会士会　会員メンバー。日本建築塗装職人の会、青木忠史会長。

日本建築塗装職人の会　会員メンバーの仲間たち。

㈲ボンズシステム、田中高彦社長。明日の㈱　スタッフ皆さん。横浜労務総合オフィスのスタッフ皆さん。

税理士法人横浜総合会計、髙屋將吾さま。アイフルホーム横浜店　㈱ウイングパス　赤尾太郎社長。青沼コンサルティングラボ青沼充社長。株式会社シンクパス瀧本真也社長。㈱クラブハウス河西保夫社長。

そして、ここまで当社を支えてくれた、数多くのお客様のみなさま。

本当に、ありがとうございます。

参考文献

「塗り替えで失敗しないために必要な、３つのこと」青木　忠史　著（日本建築塗装職人の会）

二〇一五年七月　吉日

株式会社ウイングビルド　代表親方　代表取締役
日本建築匠士会　代表理事

若林　均

ウイングビルドは
「塗装業界を日本で一番魅力的な業界にデザインする」事をビジョンとして
地元の皆さんに育てられた塗装専門店としての誇りと使命を持ち続けます。

当社ホームページにて最新情報を配信させて頂いておりますので、是非、ご覧頂きたく存じます。

お気軽にお問い合わせください

0120-45-7775

営業時間　7:00 ～ 19:00 ／日曜日定休

http://www.w-b.co.jp/

若林　均（わかばやし　ひとし）

神奈川県横浜市出身。昭和42年3月3日魚座。株式会社ウイングビルド代表。10代で建築業界にはいり、リフォーム、塗装業界に進む。平成3年現ウイングビルドを創業。

平成19年エスケー化研㈱　SKK住宅施工店会優良施工店賞受賞。平成23年日本建築匠士会士会設立、代表理事。平成27年第9回全日本ベスト塗装店地域NO1店賞受賞。日本建築塗装職人の会会員、神奈川県中小企業家同友会会員。

趣味：ゴルフ、つり
愛読書：一倉定の経営心得
座右の銘：球けがれなく道けわし
尊敬する方：王貞治、白鵬、松井秀喜
親方通信：http://www.w-b.co.jp/boss

「どうしよう!　我が家の塗り替え」

発行日　2015 年　9 月　1 日　初版
発行日　2018 年　7 月　1 日　2刷
著者　若林　均

発行人　河西保夫
発行　株式会社クラブハウス
〒151-0051 東京都渋谷区千駄ヶ谷3-13-20-1001
TEL：03-5411-0788（代）　FAX：050-3383-4665
http://clubhouse.sohoguild.co.jp/

編集協力　児玉　勲
装丁・本文デザイン　江尻 和行（株式会社カーバンクル）
印刷　シナノ印刷

ISBN978-4-906496-53-2

エッジのきいた表参道の図書出版 **クラブハウスの本**

http://clubhouse.sohoguild.co.jp/

片付かない！どうする我が家、親の家 ミドル世代の暮らし替え整理術

杉之原 冨士子（著）
日本ホームステージング協会（監修）
¥ 1,500（税別）

「捨てられない」ことを責めないで。

マスコミで話題の「日本一思い出を大切にする整理屋さん」が書いた心もスッキリするお片づけ本。数千件の引越、遺品整理、お片づけの現場経験から生まれた「幸運を呼ぶ」ノウハウ満載！
この本の刊行で NHK やテレビ番組のコメンテーターとして注目される、女性だけの整理屋さん、株式会社サマンサネット代表取締役、杉之原冨士子初の著書。

「皆さんは、あと 15 分で家が焼けてしまう時に、何を持って逃げますか？」
「あなたは老人ホームに持っていくひとつのトランクに、何をいれますか？」
私たちサマンサネットは女性だけの整理屋さんです。本書では、人生の転換期であるミドル世代からの暮らし替えを提唱して、すぐ使える整理術、引越のノウハウを多く公開しています。

「不動産投資は住宅ローンを使え」

箕作　大　㈱リアライズアセットマネジメント
代表取締役（著）
¥ 1,500（税別）

ベンチャー企業を経営していた頃の寝る間もないような生活に嫌気がさした著者が、本気で不労所得というものを目指し、行き着いたのが、『賃貸併用住宅』という手法。

自宅をタダで手に入れる !! 目からウロコの『賃貸併用住宅』という発想

「半分が自宅になるため収益物件に比べて家賃収入は減りますが、その自宅にかかる費用が削減される分だけ、実際のキャッシュフローは、アパート 1 棟を購入するよりも格段に良くなります」

①低金利 0.775%　②固定 35 年　③長期借入可能（最長 35 年）
④審査が通りやすい

損するほうが難しい！　住宅ローンを利用した 不動産投資術　「賃貸併用住宅」